农产品质量安全监管执法实训丛书

农产品质量安全信用体系建设
探索与实践

陈松　朱莹　刘海华 ◎编著

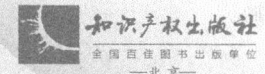
—北京—

图书在版编目（CIP）数据

农产品质量安全信用体系建设探索与实践 / 陈松，朱莹，刘海华编著. --北京：知识产权出版社，2025.9. -- ISBN 978-7-5130-9683-6

Ⅰ. F326.5

中国国家版本馆 CIP 数据核字第 2024GH0448 号

内容提要

本书系统解读农产品质量安全信用体系的建设背景、重要意义、建设路径，结合新时期农产品质量安全工作形势任务和重点要求，提出农产品质量安全信用体系建设的基本思路和创新举措。

本书可供开展农产品质量安全信用体系建设工作的单位和相关人员阅读和学习，同时还可作为高校和科研院所等单位教学参考用书。

责任编辑：吴　烁　　　　　　　　责任印制：孙婷婷
封面设计：杨杨工作室·张冀

农产品质量安全监管执法实训丛书
农产品质量安全信用体系建设探索与实践
NONGCHANPIN ZHILIANG ANQUAN XINYONG TIXI JIANSHE TANSUO YU SHIJIAN

陈　松　朱　莹　刘海华　编著

出版发行	知识产权出版社 有限责任公司	网　　址	http://www.ipph.cn
电　　话	010-82004826		http://www.laichushu.com
社　　址	北京市海淀区气象路 50 号院	邮　　编	100081
责编电话	010-82000860 转 8768	责编邮箱	laichushu@cnipr.com
发行电话	010-82000860 转 8101	发行传真	010-82000893
印　　刷	北京中献拓方科技发展有限公司	经　　销	新华书店、各大网上书店及相关专业书店
开　　本	720mm×1000mm　1/16	印　　张	13.75
版　　次	2025 年 9 月第 1 版	印　　次	2025 年 9 月第 1 次印刷
字　　数	200 千字	定　　价	78.00 元

ISBN 978-7-5130-9683-6

出版权专有　侵权必究
如有印装质量问题，本社负责调换。

前　言

"人无信不立，业无信不兴。"社会信用体系建设是完善社会主义市场经济体制的重要保障，是践行社会主义核心价值观的重要内容，是实现国家治理体系和治理能力现代化的重要抓手。党的十八大以来，习近平总书记对社会信用体系建设作出了一系列重要指示，要求对突出的诚信缺失问题，既要抓紧建立覆盖全社会的征信系统，又要完善守法诚信褒奖机制和违法失信惩戒机制，使人不敢失信、不能失信。[1] 当前，党中央、国务院为各部门各地区推动信用建设创造了良好的环境和机遇，守信联合激励和失信联合惩戒的效果逐渐显现，以信用为核心的新型监管机制的支撑条件日趋完善，多种信用建设探索与实践恰逢其时。

"民以食为天，食以安为先。"农产品是食品的源头，其质量安全问题备受社会关注。作为民生工程，农产品质量安全关乎人民身心健康和社会稳定和谐，其信用体系建设是社会信用体系的重要组成部分，不可或缺。当前农产品质量安全问题越来越复杂，为努力确保不发生重大农产品质量安全事件，农产品质量安全监管责任重大，亟须创新监管手段提高农产品质量安全监管效能。依托信息数据工具构建的农产品质量安全信用体系是信息时代农产品质量安全监管创新的有力手段。农产品质量安全信用监管主要是以现代社会治理理论和信用管理理论为指导，以

---

[1] 国家发展改革委办公厅 人民银行办公厅关于对失信主体加强信用监管的通知［EB/OL］.（2018-08-02）［2024-12-15］.http://www.gov.cn/xinwen/2018/08/02/content_5311371.htm.

法律法规标准规范为依据，以信用信息数据为基础，以数字技术为支撑，以守信激励、增信赋能和失信惩戒机制为核心，以信息共享、分级分类和精准智能监管为手段。它的核心作用在于根据不同类型主体的信用状况实施差异化监管，将有限的监管资源价值最大化，实现对守信者"无事不扰"，对失信者"利剑高悬"，从而提高监管效率，构建更加有效的社会共治格局。近年来，按照国务院对社会信用体系建设的总体部署和建立新型信用监管机制的工作要求，农产品质量安全信用工作在理论研究、体系建设、试点应用、宣传推广等方面，取得了积极进展和成效。但是总体来看，我国农产品质量安全信用体系建设仍处于起步阶段。随着农产品质量安全信用体系建设被纳入2022年修订的《中华人民共和国农产品质量安全法》（以下简称《农产品质量安全法》），并上升为县级以上地方人民政府农业农村部门的法定职责，这必将加快农产品质量安全信用体系建设的实施步伐。

本书共八章，重点梳理社会信用体系建设发展现状，系统解读农产品质量安全信用体系建设的背景、重要意义、建设方法，结合新时期农产品质量安全工作的形势任务和重点要求，提出农产品质量安全信用体系建设的基本思路，并解读推动农产品质量安全信用监管创新先行区建设相关举措。本书精选省、市、县三级主体农产品质量安全信用体系建设典型案例，所选案例深入、全面，指导性、可操作性强，特别适合基层农业农村部门在具体工作中借鉴参考，同时还可作为高校和科研院所等单位的教学参考。

本书由陈松研究员主持编写，朱莹、刘海华参与编写。本书中收集的案例由地方农业农村部门提供。在本书付梓之际，向所有对本书编著工作提供帮助的人员致以诚挚的谢意。由于时间和水平有限，本书中还有许多问题需要进一步补充和完善，恳请读者和业内同行多提宝贵意见。

目 录

第一章 社会信用体系建设概述　　// 001

一、推进社会信用体系建设的现实意义　　003
二、社会信用体系建设重点任务和工作　　005
三、社会信用体系建设的主要成效　　008
四、推进社会信用体系建设的总体考虑　　012
五、推进社会信用体系建设的具体举措　　017

第二章 农产品质量安全信用体系建设发展现状　　// 021

一、农产品质量安全信用体系建设背景　　023
二、农产品质量安全信用体系建设现实意义　　027
三、农产品质量安全信用体系建设历程　　030
四、农产品质量安全信用体系建设成效　　038

第三章 农产品质量安全信用标准体系框架　　// 043

一、农产品质量安全信用标准体系概述　　045
二、农产品质量安全信用体系建设规范　　047
三、农产品生产主体信用评价指标和评级方法　　057

第四章　农产品质量安全信用体系建设形势任务　// 067

一、农产品质量安全信用体系建设形势要求 069
二、农产品质量安全信用体系建设基本思路 071
三、推进农产品质量安全信用体系建设创新举措 074

第五章　农产品质量安全信用监管创新先行区建设　// 081

一、农产品质量安全信用监管创新先行区建设的背景 083
二、先行区在各行业领域内实践探索 086
三、农产品质量安全信用监管创新先行区的遴选流程 089
四、农产品质量安全信用监管创新先行区的建设任务 094

第六章　省级农产品质量安全信用体系建设案例　// 119

一、浙江省：积极探索，稳步推进，全力构建农产品
　　质量安全信用新型监管机制 121
二、江苏省：推进十万规模主体入网行动，实现农产品
　　质量安全信用管理全覆盖 124
三、广东省：多举措推进农安信用体系建设，强化生产
　　主体农安信用意识 127
四、山东省：实施信用化管理为农产品质量安全工作赋能增力 130
五、广西壮族自治区："农安信用直通车"为广西
　　企业发展"破难题" 133

第七章　市级农产品质量安全信用体系建设案例　// 137

一、杭州市：实施农产品生产主体评信用信，助力实现
共同富裕　139

二、昆山市：推进农产品质量安全信用体系建设，护航
阳澄湖大闸蟹品牌质量　141

三、广元市："制度·技术·应用"三链协同打造农产品质量
安全信用监管"广元模式"　144

四、湖州市：突出守信，激励应用与治理创新，大力推动
农安信用体系建设工作　147

第八章　县级农产品质量安全信用体系建设案例　// 151

一、建德市：数智引领，证信融合，奖惩联动，
让农产品质量安全信用更实用　153

二、浦东新区：实施农安信用建设，努力走出
农产品质量安全监管新路子　155

三、青神县：强化"三制四平台"推动农资
信用体系建设　158

四、象山县：夯实农产品质量安全信用体系建设，
助力全县农民增收、农业提质　160

附录　// 163

附录1　国务院关于建立完善守信联合激励和失信联合
惩戒制度加快推进社会诚信建设的指导意见　163

附录2　中共中央办公厅　国务院办公厅印发《关于推进社会信用体系建设高质量发展促进形成新发展格局的意见》……175

附录3　2024—2025年社会信用体系建设行动计划……184

附录4　农业部关于加快推进农产品质量安全信用体系建设的指导意见……189

附录5　农业部办公厅关于建立农资和农产品生产经营主体信用档案的通知……197

附录6　中共中央办公厅　国务院办公厅关于健全社会信用体系的意见……201

第一章

社会信用体系建设概述

◆ **本章导读**

　　人而无信，不知其可；企业无信，则难求发展；社会无信，则人人自危；政府无信，则权威不立。诚信是社会主义核心价值观的精神要求，信用是社会主义市场经济的基石，是社会治理、公共管理的重要手段，是政府职能转变、推进"放管服"改革的重要抓手。本章重点梳理社会信用体系建设的现实意义、重点任务和推进举措等内容。

社会信用体系建设是完善社会主义市场经济体制的重要保障，是践行社会主义核心价值观的重要内容，是实现国家治理体系和治理能力现代化的重要抓手。党的十八大以来，习近平总书记对社会信用体系建设作出了一系列重要指示，要求对突出的诚信缺失问题，既要抓紧建立覆盖全社会的征信系统，又要完善守法诚信褒奖机制和违法失信惩戒机制，使人不敢失信、不能失信。❶ 2014 年 6 月，国务院印发《社会信用体系建设规划纲要（2014—2020 年）》，提出要推进政务诚信、商务诚信、社会诚信、司法公信等重点领域诚信建设。党的二十大报告提出，完善产权保护、市场准入、公平竞争、社会信用等市场经济基础制度，优化营商环境。在建设高水平社会主义市场经济体制和推进中国式现代化过程中，社会信用体系建设具有不可替代的重要支撑作用。❷

一、推进社会信用体系建设的现实意义

诚信是中华民族的传统美德，是中华传统文化的优秀基因，也是社会主义核心价值观的重要内容之一。加快社会信用体系建设是构建社

---

❶ 刚柔并济推进社会信用体系建设[EB/OL]．（2025-04-01）[2025-06-27]．http：//theory．people．com．cn/n1/2025/0401/c40531-4051039．html．

❷ 韩家平．我国社会信用体系建设面临的主要挑战及对策建议[J]．征信，2024，42（2）：1-5．

主义和谐社会的重要基础,是完善社会主义市场经济体制、加强和创新社会治理的重要手段,对增强社会成员诚信意识、营造优良信用环境、提升国家整体竞争力、促进社会发展与文明进步具有重要意义。

(一) 社会信用体系建设是培育和践行社会主义核心价值观的重要内容

诚信是社会主义核心价值观的重要内容。社会信用体系以树立诚信文化理念、弘扬诚信传统美德为内在要求,以守信激励和失信约束为奖惩机制,以提高全社会的诚信意识和信用水平为宗旨。加快社会信用体系建设,对进一步推进社会主义核心价值观建设具有重要意义。

(二) 社会信用体系建设是完善社会主义市场经济体制的重要基础

市场经济本质上是信用经济。"市有信则立,市无信则废。"信用是市场经济运行的基石,商品交换是建立在信用基础上的等价交换。完善社会主义市场经济体制,需要充分发挥市场在资源配置中的决定性作用,规范市场秩序,降低交易成本,激发市场活力和创新动力,必须建立健全社会信用体系,打造良好的市场信用环境。

(三) 社会信用体系建设是加强和创新社会治理的重要举措

面对主体多样化、利益多元化、社会信息化的复杂形势,传统管理手段已难以从根本上解决诚信缺失问题。社会信用体系建设作为社会治理创新的基本构成要素,能够从信用优化公共资源配置、信用创新政府监管机制、信用维护市场经济秩序等维度为社会治理创造环境和提供支撑。[1]

（四）社会信用体系建设是转变政府职能、加强事中事后监管的重要手段

政府职能转变的核心是处理好政府和市场的关系，使市场在资源配置中起决定性作用和更好地发挥政府作用。转变政府职能，简政放权，"管"和"放"同等重要，缺一不可。"管"，就是事中事后监管[2]，国家一系列改革举措的实施，在减少事前审批的同时，必然要求加快建立社会信用体系，加强以信用为核心的事中事后监管，以确保市场规范有序运行。

二、社会信用体系建设重点任务和工作

近年来，随着我国经济社会的不断发展，信用体系的作用更加凸显，社会信用体系建设进入快车道。以贯彻落实《社会信用体系建设规划纲要（2014—2020年）》为重点，推进社会信用体系建设的核心任务和内容主要有以下几个方面。

（一）社会信用体系建设重点任务

社会信用体系以法律法规、标准和契约为依据，以健全覆盖社会成员的信用记录和信用基础设施网络为基础，以信用信息合规应用和信用服务体系为支撑，以树立诚信文化理念、弘扬诚信传统美德为内在要求，以守信激励和失信约束为奖惩机制，目的是提高全社会的诚信意识和信

---

[1] 肖荣辉.信用赋能社会治理创新的逻辑、需求与路径[EB/OL].(2023-09-11)[2024-03-11].https://www.sohu.com/a/719784849_121117494.

[2] 马宝成,吕洪业.实现政府职能转变新常态[EB/OL].(2015-01-04)[2024-03-11].http://politics.people.com.cn/n/2015/0104/c1001-26319885.html.

用水平。社会信用体系建设主要有以下五项重点任务。

第一，建立信息记录。信用信息是社会信用体系建设各领域和各环节的构成要素。完善的信用记录是社会信用体系得以有效运转的前提和基础，完备的信用信息系统是社会信用体系建设的基础设施和重要保障。因此，加强信用记录建设，形成全面覆盖的社会成员信用记录，需要把信用记录建设和信用信息系统建设作为最重要的基础工作。同时，需要发挥社会和市场的力量，把各个领域、各个环节的信用记录进行收集和整合，使信用记录不留死角、不留盲区。

第二，构建信息化平台。社会信用体系通过信息融合与嵌入、资源引导与匹配、应用场景拓展丰富，推动数字产业化和产业数字化，加速数字经济与实体经济深度融合发展。因此，社会信用体系建设需要构建信用信息交换共享平台，化解"信息不对称"难题。因此，需要建设信用信息平台，归集整合辖区内各部门、各单位掌握的信用信息，推动政务信用信息与社会信用信息交换共享，形成广泛覆盖、深度融合的信用信息大数据资源，充分发挥信用信息在加强监管和服务中的作用。

第三，推动信用信息公开，方便社会查询市场主体信用状况。依据《中华人民共和国政府信息公开条例》（以下简称《政府信息公开条例》）和《企业信息公示暂行条例》的规定，应及时公开行政处罚案件信息，以方便社会查询、方便社会征信机构征集信息。通过"信用中国"网站，最大程度地实现信用信息"一站式"查询。

第四，建立信用联合惩戒机制，大幅提高失信行为成本。守信激励和失信惩戒机制是社会信用体系运行的核心机制。对违法失信者，要综合运用市场性惩戒、行政监管性惩戒、行业性惩戒、司法性惩戒和社会性惩戒等手段，加大惩戒力度，通过建立违法失信黑名单的公开曝光制度及市场禁入制度，逐步使信用状况成为各类准入门槛的基本内容。

第五，培育发展信用服务机构，加强信用服务市场监管。以征信机构和评级机构为代表的信用服务机构是社会信用体系建设的重要组成部分，是推动社会信用体系良性运转的重要动力。因此，需要充分发挥好信用服务机构的作用，为信用服务业的发展创造好的环境。同时，要依法加强对信用服务机构的监管。

（二）社会信用体系建设重点工作

社会信用体系建设是一项复杂的系统工程，需要政府部门加强组织领导，充分调动各部门、各单位和社会方方面面的力量，共同推进。

第一，健全工作机制。社会信用体系建设任务很重，需要有专门的机构和人员来抓。在国家层面的组织机制上，2012年7月17日，经国务院批复同意，调整社会信用体系建设部际联席会议成员单位和主要职责，明确了国家发展和改革委员会、中国人民银行"双牵头"，成员单位从18家增加到46家。各省（区、市）都明确了社会信用体系建设牵头部门，建立了领导小组或联席会议制度。但从实际情况看，一些地方的牵头部门没有发挥应有的组织协调作用；一些地方尚未设置专门机构和相应编制，缺乏必要的体制和人力保障；一些地方虽然设有专门机构，但没有安排专门的工作人员，仍然需要进一步理顺工作体系，增强工作力量。

第二，强化示范带动作用。开展试点示范是推进工作的有效措施。结合自身实际，按照国家部署，广泛开展各类综合性、行业性的信用建设试点示范工作。市、县的综合性试点，重点是健全守信激励和失信惩戒机制，推动应用信用产品，培育发展信用服务机构。行业性试点，要以法院执行、环境保护、食品药品安全、安全生产、税收征缴等社会关注度高、影响面广的领域为重点，完善行业信用记录，建立守信联合激励和失信联合惩戒机制，探索建立市场退出和行业禁入制度。

第三，建设法规制度和标准。加快推进社会信用立法是健全统一的社会信用制度的核心内容。社会信用体系是符合中国国情、具有中国特色，经过实践和理论双重考验的重要制度，在长期实践过程中形成了信用监管、信用奖惩等一系列成熟举措，有力支撑了资源配置优化和良好营商环境构建，需要进一步加快将这些经验举措上升为法律法规。❶

第四，加强诚信宣传教育。诚信宣传教育是社会信用体系建设的内在要求，是培育和践行社会主义核心价值观的重要内容。因此，需要把诚信文化建设摆在突出位置，大力普及信用知识，营造"守信者荣、失信者耻、无信者忧"的氛围，使诚信意识深植人心，形成全民自觉遵纪守法、诚实守信的良好社会风尚。尤其是重点网站需要充分发挥示范作用，带头建立信用记录，开设信用专栏、宣传诚信典型、曝光失信黑名单，实施互联网领域的守信激励和失信惩戒。

第五，强化工作考核。在社会信用体系建设中，政府既是重要的信用主体，又是社会信用体系建设的推动者和监管者，具有双重属性。为更好地发挥地方政府和有关部门在社会信用体系建设中的引领、推动作用，政府部门要将社会信用体系建设纳入重要工作日程，把社会信用体系建设工作作为目标责任考核和政绩考核的重要内容。

三、社会信用体系建设的主要成效

随着社会信用体系顶层设计和运行机制加快形成，信用法规体系、基础设施建设、信用监管机制等各项工作扎实推进，在一些基础领域和关键环节取得重要进展和阶段性成效。

---

❶ 建设符合高水平社会主义市场经济体制的社会信用体系建设法［EB/OL］.（2023-03-20）［2024-04-05］. https://credit.sc.gov.cn/xysc/c100002/202303/c5244a55415645a59f536f4cc0cd8241.shtml.

第一章 社会信用体系建设概述

（一）信用法规体系建设取得新进展

健全的法律法规是维持正常信用关系的基础保障，信用立法是社会信用体系建设的基础工程，信用信息归集应用、守信激励和失信惩戒等都需要通过法律法规来规范。"十三五"以来，社会信用法治化建设取得突出成效，信用已成为法治建设的重要内容。据不完全统计，截至2023年1月，已有53部法律、71部行政法规专门写入了信用条款。❶信用立法在地方实践中取得突出成果，上海、浙江、广东等36个省（区、市）、地级市先后出台地方性法规，加快推进社会信用立法工作已逐步形成普遍的立法共识。2022年，国家发展和改革委员会、中国人民银行会同社会信用体系建设部际联席会议成员单位和其他有关部门（单位）研究起草了《中华人民共和国社会信用体系建设法（向社会公开征求意见稿）》；2023年9月，十四届全国人大常委会立法规划公布；2024年8月全国人大常委会将社会信用立法纳入了立法规划第二类立法项目，其中，社会信用建设法被列入十四届全国人大常委会立法规划"需要抓紧工作、条件成熟时提请审议的法律草案"项目类别。另外，国家标准化管理委员会累计发布信用基本术语、企业信用评价指标等58项信用类国家标准，全国有24个省（区、市）共计发布80多项地方性信用标准，各层面信用标准体系不断健全。

（二）社会信用体系建设基础优化升级

2015年，由国家信息中心承建的"全国信用信息共享平台"上线运

---

❶ 建设符合高水平社会主义市场经济体制的社会信用体系建设法［EB/OL］.（2023-03-20）［2024-04-05］. https://credit.sc.gov.cn/xysc/c100002/202303/c5244a55415645a59f536f4cc0cd8241.shtml.

行，实现各部门和地方信用信息归集、共享、应用，为联合激励、联合惩戒提供有效技术支持。目前，"信用中国"网站、全国信易贷平台网站，以及信用信息目录、信用信息查询、失信惩戒和守信激励、合同履约系统等已全面运行。"全国信用信息共享平台"已联通46个部门和所有省（区、市），归集1.6亿经营主体信用信息超过730亿条；全国一体化融资信用服务平台已联通31个省级节点、160多个地方融资信用服务平台，2.2万家金融机构，逐步成为跨地区、跨部门、跨领域的信用信息共享交换"总枢纽"。❶ 此外，我国已建成世界上规模最大的金融信用信息基础数据库，对防范金融风险、提供相关信息服务、推动金融产业发展发挥功能作用。截至2021年年底，中国人民银行征信中心累计收录超过11亿自然人、6092.3万户企业及其他组织的信用相关信息。❷

（三）信用监管机制初步建立

2019年，国务院办公厅印发《关于加快推进社会信用体系建设构建以信用为基础的新型监管机制的指导意见》，明确指出以加强信用监管为着力点，建立健全贯穿事前、事中、事后全生命周期的新型监管机制，创新监管理念、监管制度和监管方式。不断提升监管能力和水平，规范市场秩序，优化营商环境，推动经济高质量发展。广泛开展分级分类监管，建立以信用为基础的新型监管机制，按照市场主体信用状况采取差异化的监管措施，对信用好、风险低的市场主体，降低抽查比例和频次。对违法失信、风险较高的市场主体，提高抽查比例和频次，将其列入重点信用监管范围。2021年全国纳税信用评价结果反映了我国企业整体纳

---

❶ 韩家平.我国社会信用体系建设面临的主要挑战及对策建议[J].征信,2024,42(2):1-5.

❷ 曾光辉.我国社会信用体系高质量发展需破解四大难题[J].征信,2022,40(12):8-15.

税信用状况持续改善。评价结果显示,纳入评价的 3300 多万户企业中,A 级企业较上年提高 2.4 个百分点;B 级和 M 级企业合计增加 258 万户;C 级、D 级企业所占比重较上年下降 0.34 个百分点。目前,我国以信用为基础的新型监管机制已初步建立。❶

(四) 联合惩戒机制不断深入推进

联合惩戒是社会信用体系的核心工具。目前,我国各部委所签署的联合奖惩备忘录累计达 51 个,守信激励、失信惩戒措施 100 多项;联合奖惩系统初步建立,数据应用机制涵盖了信息从发起到反馈的全流程。❷ 在对守信主体的联合激励方面,启动以"信易批""信易贷""信易租""信易行""信易游"为主要内容的"信易+"工作,创新拓展守信激励应用场景,切实提升了守信主体的获得感。自 2013 年最高人民法院建立失信被执行人名单制度以来,最高人民法院与国家发展和改革委员会等 60 家单位签署文件,推进失信被执行人信用监督、警示和惩戒机制建设,对失信被执行人担任公职、党代表、人大代表、政协委员以及出行、购房、投资、招投标、乘坐飞机、列车软卧、G 字头动车组全部座位、其他动车组列车一等以上座位等进行限制,取得了良好的成效,彰显了法律权威和司法公信力,真正实现了让失信被执行人"一处失信、处处受限"的效果,有力助推了社会信用体系建设。截至 2023 年 4 月初,有 1144 万余人次迫于信用惩戒压力主动履行了义务。❸

---

❶ 曾光辉. 我国社会信用体系高质量发展需破解四大难题[J]. 征信,2022,40(12):8-15.

❷ 余文凯."十四五"时期深化社会信用体系建设若干问题的思考[J]. 科学发展,2021(1):21-27.

❸ 最高法执行局相关负责人就人民法院能动司法(执行)典型案例答记者问[EB/OL]. (2023-05-19)[2025-06-27]. https://www.court.gov.cn/zixun/xiangqing/400212.html.

四、推进社会信用体系建设的总体考虑

社会信用体系作为现代市场经济的一项基本制度,单靠市场经济的自发演进作用和市场主体呼唤还不够。当前,我国的社会信用体系建设刚刚起步,需要通过一系列制度安排,运用信用监管手段,加强事中、事后监管,加快化解存量失信行为的社会影响,建立防范和减少增量失信行为发生的长效机制,实现标本兼治,全面增强市场监管能力,增强各类主体诚信意识,提升全社会诚信水平。

(一)加快推进专项治理

专项治理是督促失信主体、纠正失信行为的有效手段,也是"诚信建设万里行"主题宣传活动❶的主要内容,是社会信用体系建设的"牛鼻子"。自 2017 年以来,国家发展和改革委员会同有关部门已开展政务、金融、电子商务等重点领域的失信问题专项治理工作,并取得了明显的成效。例如,政务领域失信问题专项治理,被列入全国法院失信被执行人名单的政府机构共 5006 家,经集中治理,一大批严重影响政府公信力的案件得到清理,整改率达 99.7%。实践证明,专项治理就是可以引领全局的"牛鼻子",达到"举一纲而万目张"的效果。

做好专项治理工作,首先是要依托全国信用信息共享平台,梳理各类黑名单和重点关注名单。挖掘各类失信信息和失信主体,除了共享全国信用信息共享平台信息,还要挖掘行政处罚信息、群众投诉与举报信息,以及来自行业协会商会、大数据企业、金融机构、新闻媒体等各类

---

❶ "诚信建设万里行"是 2018 年中央宣传部组织的宣传活动发起并命名的一项覆盖全国、持续开展的大型主题宣传活动。

单位的失信行为信息。然后是分类施策治理失信行为。对于已经核实的专项治理对象，首先督促其限期整改，经约谈仍不纠正失信行为的，根据其失信程度依法实施联合惩戒。构建公示机制、承诺机制、记录机制、识别机制四个有效机制。督促相关失信主体公开作出守信承诺，依法向社会公众公开专项治理对象的整改记录。同时，用好综合信用评价手段，协同各方监督力量，共同梳理各领域专项治理对象，协同开展专项治理工作。

（二）深入推进信用惠民

信用惠民是社会信用体系建设的根本目的，需要建立六项工作机制。第一，建立"信易+"联合激励机制。"信易+"系列的成效关键看场景中相关主体受到的联合激励效果。因此，应依据信用评价结果，创新多种与信用评价相匹配的激励措施，让信用良好主体有获得感。对于在"信易+"系列场景中产生的严重失信行为，应建立严重失信"黑名单"制度，在"信用中国"网站公示并对其实施联合惩戒。第二，建立"信易+"联盟合作机制。"信易+"系列涉及群众日常生活的方方面面，不同的"信易+"场景涉及不同的主体，需要分别针对"信易+"系列各特定场景组织行业主管部门、信用监管部门、地方政府部门、行业协会商会、信用服务机构、信息公示机构、行业龙头企业等相关主体建立合作联盟，共同推进"信易+"系列的实施和落地。第三，建立"信易+"试点示范机制。城市是社会信用体系建设最有条件、最有手段、最能有所作为的一级政府，可以直接深入社区、园区，也是推动"信易+"系列落地最有力的实施主体。第四，建立"信易+"信息共享机制。信息共享是"信易+"系列落地的关键，应围绕"信易+"系列场景，在充分发挥全国信用信息共享平台作用的基础上，创新信息共享方式，整合多方信息源，依法应用各类主体信息，保障"信易+"系列的落地。第五，建立"信易+"信用评价机制。诚信度的衡量需要通过信用评价对其进行量化或划分等级，引入第三方机构借助各方共享的信息，对"信易+"系列场景中的相关主体进行信用评价等。第六，建立"信易+"宣传推介机制。在创新"信易+"系列场景的同时，应不断加强场景的宣传和介绍，及时披露应用成效，让群众"知信、用信、守信"。

（三）持续强化信用监管

市场经济是信用经济，信用监管是规范市场秩序的"金钥匙"。加强信用监管就是通过一系列制度安排和工作措施，加快化解存量失信行为的社会影响，建立防范和减少增量失信行为发生的长效机制。强化信用监管主要是通过列退名单，将严重失信行为列入"黑名单"，对于完成信用修复的名单主体，可依法依规允许其退出名单。然后是限期整改，在认定失信主体时，要分别明确整改要求和期限，通过发放限期整改通知函，督促失信主体及时整改。对于失信主体，通过约谈对其进行信用修复专题培训，并将培训约谈记录纳入相关失信主体的信用记录。另外，要严格执行行政许可、行政处罚，自作出决定之日起及时公开。失信主体还应向相关监管单位机制化地主动提交第三方信用报告，监管单位应将信用报告作为信用监管的重要参考。

此外，充分发挥行业监管部门作用，建立健全行业信用记录，围绕失信主体开展行业信息公示、风险提示、预警监测、信用管理培训等工作。依法依规对失信主体实施联合惩戒，将失信信息与行业协会商会、信用服务机构、新闻媒体等充分共享，推动行业性、市场性、社会性惩戒措施落实。

（四）抓好红黑名单

红黑名单是社会信用体系建设的基础抓手。国家层面的红黑名单原则上实行全国统一标准，各地方也可根据需求制定红黑名单的地方标准，但按照地方标准认定的红黑名单其应用范围主要在所辖地区。红黑名单的认定依据应当主要来自各级政府部门在公共管理和履行职责过程中产生的信用信息。另外，红黑名单原则上由县级以上政府部门依据统一标准认定，需要履行必要的告知或公示程序，并与其他领域的红黑名单进行交叉比对，避免被列入黑名单和重点关注名单的失信主体同时被列入红名单。

（五）用好联合奖惩

联合奖惩是社会信用体系建设最关键、最有效、最管用的核心机制。为了贯彻落实党中央、国务院关于联合奖惩的要求，着力解决当前危害公共利益和公共安全、人民群众反映强烈、对经济社会发展造成重大负面影响的重点领域失信问题。丰富联合激励措施，创新联合激励场景，通过优先办理、降低门槛、简化程序、免交押金等形式激励群众的守信行为。按照中共中央、国务院关于推进审批服务便民化有关要求，需要构建以全国信用信息共享平台为枢纽、以网上政务服务平台为基础的全流程一体化在线联合惩戒平台，形成自动惩戒机制。

（六）推进信用综合评价

信用评价是综合各类信用信息对各类市场主体信用状况进行客观反映并分类管理的信用管理手段。公共信用综合评价是社会信用体系建设的创新举措，改变传统的行政管理部门信用评价以公共信用信息为基础、市场机构采取以市场性信用信息为基础的相互分离模式,按照"市场信用评级+公共诚信补充评价"的思路,推出公共综合信用评价。随着大数据、云计算、区块链、大模型等技术的兴起,信用服务机构、大数据企业获取了大量市场化的信用信息。将公共信用信息叠加市场信用信息、行业信用信息及被评价主体主动申报信息,有助于形成客观、公正、全面、直观的信用评价结果。

(七) 完善信用修复制度

信用修复是完善守信联合激励和失信联合惩戒机制的必要环节。依据黑名单主体、重点关注名单主体和行政处罚相对人的失信程度,按梯度提出不同的信用修复要求。失信越严重的,修复成本越高。对于情节特别严重的、失信行为尚未完成修复而再次发生及多次发生失信行为的,不可修复信用。在增加失信成本的同时,还要注重建立修复机制。失信主体在失信行为发生后,应履行相关处罚要求,在规定期限内纠正失信行为,消除不良影响。对于退出黑名单的主体还应公开作出专门的信用承诺,承诺一定时间内不再产生新的失信行为。失信主体在修复信用状况过程中,需要接受由当地信用建设牵头部门开展的信用修复专题培训。同时,对信用修复后的有关主体进行后续跟踪信用调查,加强对信用修复后主体的事后监管。

另外,充分发挥信用报告的作用,失信主体应主动提交信用报告并接受认定部门的监管。失信主体也可主动邀请信用服务机构开展信用修复辅导。此外,失信主体修复信用状况后,可通过主动参加志愿服务和参与社会公益事业,改过自新,重新塑造良好的信用形象。❶

---

❶ 连维良.创造性地做好新形势下的社会信用建设工作[J].中国信用,2018(10):8-17.

五、推进社会信用体系建设的具体举措

为进一步推动社会信用体系建设高质量发展，国家发展和改革委员会办公厅发布《2024—2025 年社会信用体系建设行动计划》。针对提升信用建设法治化、规范化，统筹推进信用基础设施建设，持续强化信用信息共享应用，提升信用监管效能，加快推进重点领域信用建设五个方面提出要求。

（一）提升信用建设法治化、规范化水平

推动社会信用体系建设法治化是构建高水平社会主义市场经济体制的必然要求。首先要建立健全信用法规制度，加快推动出台《社会信用建设法》，推动省级信用立法全覆盖。定期更新全国公共信用信息基础目录和失信惩戒措施基础清单。其次要推动已有设立依据的领域出台严重失信主体名单管理办法，强化名单信息共享，提高名单的权威性和威慑力。规范信用信息查询使用的权限和程序，依法保护信用主体合法权益。强化社会信用体系统筹规划。坚持问题导向，出台《关于健全中国特色社会信用体系的意见》，进一步明确社会信用体系的内涵、目标、任务和制度框架。完善统一社会信用代码机制，推动统一社会信用代码作为唯一标识在各领域的广泛应用，将统一社会信用代码信息纳入全国信用信息共享平台，实现动态更新代码库。

（二）统筹推进信用基础设施建设

信用监管和信用服务双轮驱动，大力提升信用信息系统应用服务水平，深入推进以信用为基础的新型监管机制建设，为提升信用监管的信

用服务效能提供重要制度保障。首先，优化信用信息共享平台功能。强化全国信用信息共享平台的信用信息归集共享"总枢纽"功能，形成覆盖全部信用主体、所有信用信息类别、全国所有区域的信用信息网络。其次，加快全国信用信息共享平台三期建设，进一步优化信用数据治理和数据管理体系，全面提升信用信息质量，形成高质量信用数据资源库。最后，持续升级"信用中国"网站功能，发挥集中公示各类信用信息的"主渠道"作用，提升信用报告查询使用体验；加快地方融资信用服务平台整合。原则上一个省份只保留一个省级平台，市级、县级设立的平台不超过一个，整合后的平台应当具有唯一名称、唯一运营主体。将地方平台全部纳入全国一体化平台网络并实行清单式管理，完善全国一体化平台网络标准体系和管理规范。同时，发挥国家企业信用信息公示系统在市场监管领域的作用，加强信息安全保障。

（三）持续强化信用信息共享应用

社会信用体系是市场经济体制的重要制度安排，信用信息共享则是社会信用体系建设的核心，对解决信息不对称、扩大信用交易、防范信用风险、转变政府工作方式、提高社会诚信意识发挥着重要的基础性作用。《2024—2025年社会信用体系建设行动计划》首先着力提升信用信息共享质效，完善并加强信用信息共享应用，促进中小微企业融资工作协调机制，确保高效高质完成信用信息归集共享清单任务，实时对清单进行更新，拓展归集共享范围。其次加强数据质量协同治理，开展信用信息共享质效评估；深化信用信息开发应用。推动融资信用服务平台与金融机构建立信用信息归集加工联合实验室，开展数据挖掘和联合建模，进一步提升中小微企业融资服务效能。开展"信易贷"专项产品试点，制定信用信息共享平台授权运营管理办法，推动信用便民惠企。鼓励地方探索依托"信用分"拓展守信激励场景应用，推动在医疗、托育、养老、家政、旅游、购物、出行等重点领域实施"信用+"工程。

（四）提升信用监管效能

面对日益复杂而艰巨的社会治理任务，传统常规治理手段的作用日渐式微，以信用为核心进行市场规制和社会治理的信用监管实践日益兴起。相较于传统监管方式，信用监管能够提高执法精准度、降低执法成本、强化执法威慑，从而有效提升监管效能。因此，深入推进信用监管，首先要强化信用分级分类监管。构建以公共信用综合评价为基础、以行业信用评价为重点的企业信用状况综合评价体系，加快制定评价国家标准和制度规范，推动评价信息有序共享和高效利用，为完善以信用为基础的监管机制提供支撑。相关部门建立健全本领域的信用分级分类监管机制。其次要提升信用承诺水平。分领域进一步推广信用承诺制，加强承诺履行情况跟踪核查，完善信用承诺归集标准，将履约践诺情况纳入相关主体的信用记录。另外，建立健全统一规范、协同共享、科学高效的信用修复机制。研究规范信用信息公示和修复渠道，统筹优化失信信息分类标准和修复规则。加快推动"信用中国"网站与各行业部门系统协同联动，加强对第三方信用服务机构的监督和指导。

（五）加快推进重点领域信用建设

《2024—2025年社会信用体系建设行动计划》明确重点推进在政务诚信、合同履约、重点人群信用体系和城市信用等重点领域信用建设。第一，全面推进政务诚信建设。完善政府诚信履约机制，畅通政府违约失信投诉渠道，全面健全政务信用记录，探索建立政务诚信监测评估机制。第二，完善合同履约监管机制。推动地方在能源中长期合同、公共资源交易、招标投标等领域开展合同履约信用监管试点，完善国家"诚信履约保障平台"建设，推动实现"地方—国家"合同履约信息共享和监测，提高合同履约的透明度和监管效率。第三，依托全国信用信息共享平台，逐步建立跨区域、跨部门、跨行业重点职业人群公共信用信息的互联、互通、互查机制。第四，加强城市信用建设。持续开展城市信用状况监测，完善监测指标体系，拓展监测覆盖范围。加强对社会信用体系示范区的指导督促，研究制定示范区后评价指标体系，建立后评价机制对示范区名单进行动态调整。

第二章

农产品质量安全信用体系建设发展现状

◆ **本章导读**

近年来,在党中央、国务院领导下,各级农业行政主管部门与有关单位密切配合,不断推动我国农产品质量安全事业取得新进展,农产品质量安全水平大幅提高。但与此同时,部分生产经营主体诚信意识仍然淡薄,制售假劣农资、违规使用农兽药、非法添加有毒有害物质等问题仍时有发生,损害了农民的合法利益和人民群众的身体健康,影响了消费信心,不利于我国农业产业的健康发展。这迫切需要加快推进我国农产品质量安全信用体系建设,构建以信用为核心,事前信用承诺、事中信用监管、事后信用评价的新型监管机制。本章回顾农产品质量安全信用体系的建设背景,总结并梳理农产品质量安全信用体系建设的现实意义和推进历程。

第二章 农产品质量安全信用体系建设发展现状

2014年6月，国务院正式印发《社会信用体系建设规划纲要（2014—2020年）》。这是我国第一部国家级社会信用体系建设专项规划，同时也成为当前和今后我国在社会信用体系建设上的行动指南。农产品质量安全信用体系建设是在社会信用体系建设的框架下部署研究的，本章将梳理农产品质量安全信用体系建设的背景意义和相关研究内容。

一、农产品质量安全信用体系建设背景

食品安全的源头在农产品，基础在农业。习近平总书记强调："能不能在食品安全上给老百姓一个满意的交代，是对我们执政能力的重大考验。"❶ 纵观21世纪以来的发展，每个特殊阶段都采取了相应的政策措施。随着城镇化、信息化的不断推进，我国农业农村经济进入了高质量发展阶段。农业高质量发展是新发展阶段的基础支撑，农产品质量安全则是农业高质量发展的基础，事关全面推进乡村振兴和全面建成社会主义现代化强国目标的实现。因此，充分认识不同发展阶段的农产品质量安全意义重大。

---

❶ 习近平总书记历次"春节考察"映射执政理念［EB/OL］.（2015-02-17）［2024-04-07］. http://jhsjk.people.cn/article/26579086.

（一）基于增产保供目标的农产品质量安全

改革开放以来，除少数几个时段因农产品的结构性供需失衡，出现过把结构调整作为农业政策的主要目标外，其他多数时期我国农业政策的主要目标都是促进增产、保障供给。特别是 2004 年以来，我国再次连续多年把促进粮食等大宗农产品增产放在农业发展的优先位置，逐步建立了一套以增产为导向的农业支持政策体系。❶ 不仅出台了粮食最低收购价政策和临时收储政策，还先后实行了一系列直接针对农户的农业补贴政策，包括种粮农民直接补贴、良种补贴、农机具购置补贴、农资综合补贴、保费补贴等，以及产粮、产油、产猪大县的奖励政策。部分农民在产量和效益的驱动下，违规滥用农药、化肥等，导致大棚菜地的土壤污染问题日益突出，由此引发的农产品质量安全事件不断发生。大棚蔬菜在丰富"菜篮子"的同时，也付出了较大的环境代价。有专家指出，为了打破四季交替种菜规律，就必须使用大量农膜、农药、化肥，而这又势必对土壤、水体造成污染，污染之后又需要进一步加大化肥、农药的用量，形成"鸦片式治疗"的恶性循环。据统计，在近几年的农业发展过程中，农业中的化学物质用量越来越多，销售的农药平均每年 170 万吨，而且有一些农药是国家禁止使用的。❷ 为顺应农业发展阶段的形势要求，原农业部决定以解决农产品质量安全和治理"餐桌污染"为核心，实施"无公害食品行动计划"，建立了农产品质量安全标准体系、检验检测体系和认证认可体系，推动了《农产品质量安全法》的颁布实施，有效遏制了因食用农药残留、兽药残留等有毒有害物质超标的农产

---

❶ 叶兴庆. 促进我国农业支持政策转型的总体思路——从增产导向到竞争力导 [EB/OL]. (2019-07-01) [2024-05-26]. http://www.catas.cn/contents/17/21092.html.

❷ 翟金彤. 解决农产品质量安全问题保障人们消费安全 [J]. 吉林农业, 2017 (12): 38.

品引发的急性中毒事件。这一阶段农产品质量安全工作重点是确保不发生重大农产品质量安全事件。

(二) 基于提质增效目标的农产品质量安全

党的十八大以来,我国农业农村经济稳中向好、稳中向新,成为经济社会转型发展的"稳压器"。粮食产量连续7年稳定在1.2万亿斤以上,菜篮子产品供应充足,肉类、禽蛋、蔬菜和水产品等产量稳居世界第一。❶ 农业综合生产能力稳步增强,为农业转向提质导向打下了坚实的数量基础。此外,全国大市场大流通格局基本形成,农产品质量安全水平显著提升,主要农产品监测合格率达到97%以上,比21世纪初提高了30多个百分点。新形势下,农业主要矛盾已经由总量不足转变为结构性矛盾,主要表现为阶段性的供过于求和供给不足并存。中央要求深入推进农业供给侧结构性改革,促进农业提质增效、农民持续增收。各级农业部门以提高农产品质量为主攻方向,坚持把优质"产出来"、把安全"管出来"、把品牌"树起来",着眼于提升产业素质,大力推进农业标准化;着眼于全程监管,加快建设农产品质量安全追溯体系;着眼于风险防控,稳步提升农产品质量安全监测预警和应急处置能力;着眼于提升监管能力,全国试行食用农产品合格证制度;着眼于法治建设,不断完善农产品质量安全法律法规;着眼于强化现代要素集成运用,提高创新力、竞争力和全要素生产率等。❷ 这一阶段农产品质量安全工作重点是走质量兴农之路,推动绿色兴农、品牌强农,推进农业由增产导向转向提质导向。

---

❶ 农业农村部. 我国粮食总产量连续7年稳定在1.2万亿斤以上[EB/OL]. (2019-02-20) [2024-05-26]. https://baijiahao.baidu.com/s?id=16259756468 20159804&wfr=spider&for=pc.

❷ 论质量兴农——写在2018"农业质量年"开启之际[J]. 农机质量与监督, 2018 (1):1.

（三）基于乡村振兴目标的农产品质量安全

当前，我国已开启全面建设社会主义现代化国家的新征程，"三农"工作已转入全面推进乡村振兴、加快农业农村现代化新阶段。在推进乡村振兴中，农产品质量安全工作不仅不能削弱，反而要加强；不仅不能降低标准和要求，反而要有新的更为丰富的价值和内涵。农产品质量安全是乡村振兴的基础和保障，与乡村振兴20个字的总要求密切相关。产业兴旺是乡村振兴战略的重点，其中安全是基础，侧重于质的提升，着眼于农业发展方式的转变，并充分挖掘农业多功能性，推动农业全产业链的发展。❶ 生态宜居是乡村振兴战略的关键，倡导绿色发展，侧重于产地环境的保护，要构建农业绿色循环低碳生产体系，重点是化肥、农药等农业投入品减量使用，废旧地膜和包装废弃物等回收处理。乡风文明是乡村振兴战略的根本，传承农耕文化，要充分提炼地域文化特色，融入地理标志农产品品牌个性中，将无形的文化价值转化为有形的品牌价值，提高农产品品牌核心竞争力，实现真正的优质优价，产生正向的激励。❷ 治理有效是乡村振兴战略的保障，强调基层治理工作，以信息化为先导，融合农耕文明中形成的乡规民约、公序良俗、诚实守信等助力社会治理，推行农产品质量安全信用监管，实现以法治"定分止争"，以德治"春风化雨"。生活富裕是乡村振兴战略的目标，要求农产品要满足消费者对营养健康的期望，并提供多层次、多样化、个性化、优质生态安全的农产品。同时，农产品质量安全和生产经营主体信用要让消费者"看得见"，解除消费者后顾之忧，从而让消费者敢于消费、放心

---

❶ 孔祥智.培育农业农村发展新动能的三大途径[J].经济与管理评论，2018，34(5)：5-11.

❷ 徐孟.农耕文化对地理标志农产品品牌文化建设的影响分析[C]//华东暨安徽省农学会学术年会.安徽省农学会，2015.

消费。这一阶段农产品质量安全工作重点是要主动融入乡村振兴战略中谋划和推动，遵循农业发展规律和时代要求，开创农产品质量安全现代化治理新局面。

二、农产品质量安全信用体系建设现实意义

当前农产品质量安全问题越来越复杂，为努力确保不发生重大农产品质量安全事件，农产品质量安全监管责任重大，亟须创新监管手段提高农产品质量安全监管效能。依托信息数据工具构建的农产品质量安全信用体系是信息时代农产品质量安全监管创新的有力手段。

（一）推进农产品质量安全信用体系建设是贯彻落实中央部署要求的具体举措

党中央、国务院高度重视社会信用体系建设。近年来，习近平总书记多次对社会信用工作作出重要指示。2016年4月18日，习近平总书记在中央全面深化改革领导小组第二十三次会议上提出，要建立和完善守信联合激励和失信联合惩戒制度，加快推进社会诚信建设，充分运用信用激励和约束手段，建立跨地区、跨部门、跨领域的联合激励与惩戒机制，推动信用信息公开和共享，加大对诚实守信主体激励和对严重失信主体惩戒力度，形成褒扬诚信、惩戒失信的制度机制和社会风尚。2016年6月27日，习近平总书记在中央全面深化改革领导小组第二十五次会议上提出，完善失信被执行人名单制度，完善党政机关支持人民法院执行工作制度，构建"一处失信、处处受限"的信用惩戒大格局，让失信者寸步难行。2017年10月18日，习近平总书记在党的十九大报告中指出，推进诚信建设和志愿服务制度化，强化社会责任意识、规则意识、

奉献意识。❶ 推进诚信建设，要不断采取各类措施推进社会信用体系建设。加快推进信用立法、完善信用法律法规体系作为社会信用体系建设的基础工程，具有重大而深远的意义。

同时，国务院也出台了一系列规范文件，2016年，国务院印发《国务院关于建立完善守信联合激励和失信联合惩戒制度加快推进社会诚信建设的指导意见》，指出建立完善守信联合激励和失信联合惩戒制度，加快推进社会诚信建设。2019年7月，国务院办公厅印发《关于加快推进社会信用体系建设构建以信用为基础的新型监管机制的指导意见》，提出以加强信用监管为着力点，创新监管理念、监管制度和监管方式。2020年5月，中共中央、国务院印发的《关于新时代加快完善社会主义市场经济体制的意见》，要求构建适应高质量发展要求的社会信用体系和新型监管机制。依托信用信息归集和评价，可以实现对农产品质量安全各类主体的最严格监管；通过开展"信用+"服务，实施联合惩戒手段，可以在常规处罚之外，实现对主体最严厉的震慑。

（二）推进农产品质量安全信用体系建设是提升农产品质量安全治理能力的现实需要

推进国家治理体系和治理能力现代化，就是要适应时代变化，既改革不适应实践发展要求的体制机制、法律法规，又不断构建新的体制机制、法律法规，使各方面制度更加科学、更加完善，实现治理制度化、规范化、程序化。党的十九届四中全会对坚持和完善中国特色社会主义制度、推进国家治理体系和治理能力现代化作出全面部署。信用监管是

---

❶ 习近平.决胜全面建成小康社会夺取新时代中国特色社会主义伟大胜利——在中国共产党第十九次全国代表大会上的报告[EB/OL].(2017-10-27)[2024-03-04].http://www.gov.cn/zhuanti/2017-10/27/content_52.

提升现代化治理能力和治理水平的重要手段,是完善社会主义市场经济体制的关键一环,是"放管服"改革的重要举措,也是优化营商环境的重要保障。

农业高质量发展是新发展阶段的基础支撑,农产品质量安全则是农业高质量发展的基础,事关全面推进乡村振兴和全面建设社会主义现代化国家目标的实现。习近平总书记强调:"食品安全的源头在农产品,基础在农业;必须正本清源,首先把农产品质量抓好。"❶ 推进质量兴农,强化新时代农产品质量安全监管,工作重心需要从传统、被动的监管方式向全程、主动的监管方式转变,要从后端管产品向前端管主体、管行为转变。积极开展农产品质量安全信用体系探索工作,加快构建以信用为基础的新型监管机制,对于打通全程监管链条、开创监管新格局、提升监管效能和治理能力具有积极意义。

(三)推进农产品质量安全信用体系建设是破解基层农产品质量安全难题的有效途径

"十三五"以来,各级农业农村部门深入推进质量兴农、绿色兴农、品牌强农,农产品质量安全水平总体保持稳中向好的发展态势,全国主要农产品例行监测合格率稳定在97%以上。近年来,农产品质量安全工作抓"牛鼻子"、啃"硬骨头",拿出"长牙齿"的硬措施连续开展年度专项治理行动。联合开展农资打假专项治理行动,严打制售假劣农资违法行为,为农民挽回经济损失,种子、肥料、农药、兽药、饲料和饲料添加剂等农资质量持续稳定在较高水平。此外,全国绿色、有机和地标农产品认证登记主体增加,绿色优质农产品供给持续增加。

---

❶ 中央农村工作会议在北京举行 习近平李克强作重要讲话[EB/OL].(2013-12-25)[2025-07-08].https://cpc.people.com.cn/n/2013/1225/c64094-23938145-2.html.

然而，农产品质量安全风险隐患仍然存在，一些生产者、经营者诚信意识较为淡薄，制假售假、违规使用投入品、不遵守安全间隔期和休药期规定等问题仍然比较突出，严重损害了广大人民群众的切身利益，影响了消费信心，削弱了我国农产品在国际上的竞争力。从农产品质量安全监测情况看，仍然存在2%~3%的不合格农产品，成为难啃的"硬骨头"，这与农产品生产者、经营者的诚信意识和主体责任落实不到位有很大关系。建立以农产品生产主体信用为基础的监管机制，有利于落实农产品生产经营主体责任，有利于强化农产品质量安全事中、事后监管，有效破解基层存在的农产品质量安全监管难题，让生产者、经营者真正对自己的行为和产品负责。

三、农产品质量安全信用体系建设历程

2014年，首部国家级《社会信用体系建设规划纲要（2014—2020年）》出台后，根据国务院总体部署，原农业部出台了《关于加快推进农产品质量安全信用体系建设的指导意见》，加快以信息系统建设和信息记录共享为基础，建立守信激励和失信惩戒机制，强化生产经营主体诚信自律，营造诚信守法的良好社会氛围，全面提升农产品质量安全诚信意识和信用水平。近几年，农业农村部农产品质量安全监管司采取"边研究、边试点、边推动"的方式，着手部署。探索提出"政府引导、科研支撑、主体参与"的农产品质量安全信用研究推广模式，三方力量优势互补、形成合力，共同推动农产品质量安全信用工作。

（一）政府引导

农产品质量安全信用体系建设是社会信用体系建设的重要组成部分，

其建设的路径也是遵循社会信用体系建设的顶层设计与管理模式，由政府牵头引导推动农产品质量安全信用体系建设。2014年，农业部出台了《关于加快推进农产品质量安全信用体系建设的指导意见》，成立了农产品质量安全信用体系建设推进工作小组，办公室设在原农业部（现农业农村部）农产品质量安全监管司。明确工作小组的主要职责是推进农产品质量安全信用体系建设，统筹协调部内相关工作；研究制定农产品质量安全信用体系建设中长期规划和工作方案；研究农产品质量安全信用体系建设的重大问题，制定相应的政策、制度、措施；指导地方和行业推进农产品质量安全信用体系建设；督促、检查有关政策、制度、措施的落实情况；协调推进农产品质量安全信用文化建设和诚信宣传工作；承办部党组交办的其他事项。目前，农业农村部农产品质量安全监管司作为农产品质量安全信用体系建设办公室的承担单位，其主要职责是负责农产品质量安全信用体系建设的具体工作的组织、协调；牵头推进"农安信用"频道的建设和信用信息的归集管理；协调农产品质量安全信用体系推进工作小组加强农产品质量安全领域信用信息公开、共享及应用；开展农产品质量安全信用体系制度机制建设等研究；做好与社会信用体系建设部际联席会议的衔接配合；承办农产品质量安全信用体系建设推进工作小组交办的其他事项。

近年来，农产品质量安全规划文件（如《"十三五"全国农产品质量安全提升规划》《"十四五"全国农产品质量安全提升规划》）对农产品质量安全信用体系建设都有明确的部署。国家发展和改革委员会、中国人民银行等部门发布《关于对农资领域严重失信生产经营单位及其有关人员开展联合惩戒的合作备忘录》，从限制行政许可、限制从业资格、实施重点监管等25个方面，对农资领域严重失信主体实施联合惩戒。农业农村部发布《关于建立农资和农产品生产经营主体信用档案的通知》，该通知要求用3年左右时间，基本建立农资和农产品生产经营主体信用档案，使信用档案成为政府监管、市场评价、消费选择的重要依据。农业农村部农产品质量安全监管司连续多年将农产品质量安全信用体系建设纳入每年的农产品质量安全监管工作要点，推进农产品质量安全信用体系建设，不断健全完善制度机制。

（二）科研支撑

为做好农产品质量安全信用体系建设的顶层设计，农业农村部农产品质量安全监管司委托农业农村部农产品质量标准研究中心牵头，联合中国人民大学、中国农业大学、农业农村部管理干部学院，中国农药发展与应用协会、绿色食品协会和合作社协会等相关单位，共同开展农产品质量安全信用体系建设理论研究和试点应用。从战略、制度、标准、平台、应用等角度开展系列课题研究。

1. 研究提出农产品质量安全信用体系建设的基本思路

由农业农村部农产品质量标准研究中心牵头，重点围绕农产品质量安全信用体系的内涵及作用、建设模式选择、路径取向、建设框架等开展系列研究。参照各部委及国外建设经验，并结合我国国情和农情，提出"立信""评信""示信""用信"等农产品质量安全信用体系建设实施路径。

开展农产品质量安全信用体系建设，首先要引导主体"立信"，建立健全信用档案是推进农产品质量安全信用体系建设的基础性工作。组织农产品质量安全信用体系建设实施单位要组织农产品生产经营主体建立完整的信用档案，信用信息要确保真实性、准确性、完整性、时效性、规范性、合法性、必要性和安全性。简单来讲，"立信"就是建立信用档案的意思，核心是"全面、真实"。"立信"对象主要是规模以上农产品生产经营主体,包括农产品生产经营企业、家庭农场、专业大户和农民合作社,逐步实现生产经营主体的全覆盖。"立信"的主要目的是促使生产经营主体增强过程管控的能力,将质量安全承诺示于众目睽睽之下,是把责任有效地落实到主体的关键所在。

其次要开展科学"评信"。组织开展信用评价是强化农产品质量安全信用体系建设的重要内容之一。从国外信用建设发展历程来看,信用评价主要由市场主导,政府负责信用评价相关法规制度建设和管理,本身并不参与信用评价。对归集的电子化信用档案进行分析、比对,进一步优化完善评价准则和评价模型,使信用评价结果更加客观地反映一个主体的综合信用水平。

结合农产品生产经营主体的特点,研究提出基于主体基本情况、过程管控情况、行业认可水平、行业监管信息和社会反馈意见五个方面的信用评价准则。主体基本信息是定位和识别主体的基础信息,同时也是反映主体信用状况的重要参考信息,包括信用档案和内控制度两个指标,通常情况下,信用档案和内控制度越健全,主体失信风险越小。过程管控情况是衡量主体履约意愿的重要指标,一般来说,在生产经营过程中对农产品的管控能力越强,如建立投入品采购台账、规范开具承诺达标合格证、进行农产品快速检测、参加技术培训等,则农产品生产经营主体失信的概率越小。行业认可信息的水平主要包括产品认证信息和体系认证信息,认证信息是反映主体过程管控能力的重要因素。政府监管信息和社会反馈意见是反映主体履约意愿和履约能力的主要信息,主要是负面信息。例如,有日常巡查、例行监测、监督抽查不合格及负面舆情和投诉等负面信息的主体,农产品不合格的概率会更高。

再次要公开透明"示信"。"示信"即信息公示,依托农产品质量安全信用信息平台或全国信用信息共享平台,及时向社会公开主体的失信信息，公众可通过信息平台查询信用报告，核心是"快"。信用信息的公开范围、公开方式、期限等按照政府信息公开的有关规定执行。对于属于国家秘密、商业秘密和个人隐私及依法不得公开的其他内容，信息公示时应采取保密措施，不进行公开和披露。信用信息的充分公开，可以有效消除监管者、生产经营者和消费者三者之间的信息不对称。对监管者而言，不仅可以为其监管农产品生产经营主体提供决策依据，而且可以提高政府办公的透明度，增加公信力。对消费者而言，一方面，可让消费者随时了解主体的信用状况，保障其对农产品质量安全的知情权，从而使消费者更好地进行消费选择。另一方面，可让消费者行使其监督权，促使消费者成为监管体系中最直接有效的"执法者"，倒逼生产经营者从以往不敢违法，到不愿失信，再到自觉、主动诚信生产经营。研究提出可公示的信息内容主要有两个方面：一是负面信息，主要包括政府部门在对农产品进行检验检测、巡查监管、监督执法时发现的违法违规信息，还有来自报纸、网络等各种媒体的舆论信息和消费者的投诉信息等；二是正面信息，包括主体获得的诚信生产经营表彰等正面信息。

最后要创新"用信"。"信用服务"是信用记录加工后的增值产品，其应用决定着农产品质量安全信用工作的有效性和可持续性。通过"用信"来提高主体"立信""评信"的积极性，必须创新推动守信联合激励和失信联合惩戒的多场景应用，发挥信用的作用和价值。"用信"即信用应用，是检验农产品质量安全信用管理是否有效和可持续的关键步骤，重点是"实"。要充分挖掘信用信息的价值，结合公众实际需求，让信用走进人们的日常生活，让信用的价值体现在生活的方方面面。因此，应大力拓展信用报告的应用场景，不仅要提升信用服务的广度，还应促使其向纵深方向发展。

在"用信"中,政府要率先用信,将日常巡查、检验检测、监督抽查等工作与生产经营者信用等级相结合,运用评信结果对主体进行风险分级,根据主体信用状况进行精准监管,对守信主体减少监管频次,对失信主体进行重点监管,增加日常监督检查频次,不仅可以提升监管效能,还能有效防范农产品质量安全风险隐患。此外,信用应用除分级监管外,还要丰富信用产品类型,从信用需求一侧推动供给,逐渐扩大市场对信用服务的需求,应在行政审批、项目申报、产品认证、公共服务、政府采购、财政奖补、评优评先、产销对接、金融信贷等领域建立跨部门、跨地区、跨领域的信用联合奖惩机制。对守信主体施行联合激励措施,在优先办理、降低门槛、简化程序、容缺受理等方面给予政策扶持,开辟政务服务"绿色通道",并探索推出与主体生产经营密切相关的优惠政策,不断优化诚信营商环境,形成引导生产经营主体诚实守信的正确方向;对违法失信主体施行联合惩戒措施,建立跨部门联合惩戒备忘录,认定失信联合惩戒对象名单,重点实施惩戒力度大、监管效果好的失信惩戒措施,依法依规加强对失信行为的行政性、市场性、行业性、社会性约束和惩戒等,提升违法失信成本和震慑力。

2. 农产品质量安全信用体系建设制度规范

为使农产品质量安全信用体系高效、有序地运行,需出台一系列农产品质量安全法规制度规范,以保障农产品质量安全"立信、评信、示信、用信"等环节的规范性。农业农村部农产品质量标准研究中心牵头,联合中国人民大学重点围绕农产品质量安全信用管理法治化的目的及意义、构建农产品质量安全信用管理的制度框架、农产品质量安全信用管理法治建设的实施途径等开展了一系列研究。围绕信用信息采集、动态管理、红黑名单披露、市场禁入和退出、失信行为有奖举报、跨部门跨地区信用联合奖惩等内容,健全完善规章制度和运行机制,在原有

《农业部关于加快推进农产品质量安全信用体系建设的指导意见》的基础上，继续研议建设规划、实施方案等。

（1）农产品质量安全信用管理相关制度。

信用信息是开展信用评价服务等活动的最基本数据。伴随着大数据时代的到来，信息呈现爆发式的增长，信用信息的集聚也推动整个社会互联互通。农产品质量安全信用管理的过程，其实质是在遵循农产品生产经营主体信用信息产生、归集、评价、公示、应用和修复流程的过程管理，同时也是充分运用"立信、评信、示信、用信"等信用管理方法和工具的过程。信用信息在整个管理过程中发挥着"基础桩"作用。因此，加强农产品质量安全信用信息的管理非常重要，农业农村部农产品质量标准研究中心联合中国人民大学围绕信用信息的归集、使用展开深入的探讨研究，草拟《农产品质量安全信用信息归集管理办法》和《农产品质量安全信用信息使用管理办法》。

（2）农产品质量安全信用标准体系研究。

标准体系是开展农产品质量安全信用工作的基础。农业农村部农产品质量标准研究中心牵头，围绕关键主体、关键环节、关键要素研究制定农产品质量安全信用标准体系框架。重点针对农资和农产品的不同特点，围绕信息采集、数据交换、信息发布、应用服务、机构管理等方面构建标准集群，研究提出"基础类、管理类、评价类、采信类、信息化类"五大类标准框架。联合江南大学、宁波大学、广东省农业科学院农业质量标准与监测技术研究所等科研单位，从农产品质量安全信用信息归集、评价和使用等不同角度，研究农产品质量安全信用管理的一般要求，起草《农产品质量安全信用体系建设规范（征求意见稿）》和《农产品质量安全信用评价准则（征求意见稿）》。

3. 农产品质量安全信用管理服务平台设计

农业农村部农产品质量标准研究中心牵头，联合中国农业大学等单位，围绕农产品质量安全信用信息平台建设的需求，总结分析相关信用领域的数据结构等内容，提出加快农产品质量安全信用信息系统建设的建议。依托农业农村部政务外网，按照统一的信息标准和技术规范，建立涉农企业、个人、事业单位和社会组织信用信息基础数据库，逐步实现信用信息存储电子化。加强数据库的部内、部外信用信息互通互享，构建信用信息共享机制。设计农产品质量安全信用数据归集、汇库方案，整合农业系统资源，逐步实现农业系统内部和地方信用数据的联通对接。

农业农村部农产品质量标准研究中心组织有关专家起草了《关于农产品质量安全信用服务平台功能说明》《农安信用频道改版升级部署方案》等系列技术文件，为农产品质量安全信用服务平台建设提供了重要的技术依据。进一步改进完善"农安信用"频道，优化"农安信用"频道网站页面布局和功能设计，改善农产品质量安全信用信息查询与互动的用户体验，增添动态新闻、地方经验、政策法规、信用举报、联合惩戒、信用知识等栏目，提高信用信息公开的广度与时效性，适时开通农产品质量安全微信公众平台，全力打造农产品质量安全信用的规范化窗口。

（三）主体参与

农产品质量安全信用体系建设应用试点选择了一批具有典型性、代表性和可推广性的地区或市县，以示范引领、创新模式为目标，编制示范点创建方案，集中资源创建，探索总结经验，逐步建立地区农产品生产经营主体信用档案。最初选择山东肥城、上海浦东、陕西安康、宁波象山、四川苍溪5个试点县（区），之后向浙江、广东、上海、海南4个省市推开，从试点农产品生产经营主体到农药、兽药等行业协会逐步拓宽。农业农村部农产品质量标准研究中心牵头围绕农产品生产经营主体开展信用评价与应用研究，研究探索符合农产品质量安全监管要求的生产经营主体信用评价方法和指标体系，提高评价结果的科学性、公正性和有效性，发挥农产品行业协会等组织的主导作用，不断完善信用评价管理制度和评价程序，在市场准入、产品抽检、市场推广等方面加强农产品生产经营主体信用评价结果的应用。同时，农业农村部农产品质量标准研究中心联合中国农药发展与应用协会和中国兽药协会开展农资生产经营主体信用评价与应用研究。以农药、兽药、种子、化肥等主要农业生产资料为重点，研究构建以行业协会组织为主体、政府规范指导、社会公众监督的农资生产经营主体信用评价工作机制。探索建立符合行业特征和实用有效的农资生产经营主体信用评价模式，开展市场化信用评价专业服务，结合政府监管和行业管理加强信用评价结果的推广应用。

四、农产品质量安全信用体系建设成效

近年来，农业农村部持续推进农产品质量安全信用体系建设，连续多年将农产品质量安全信用工作列入当年农产品质量安全工作要点，通过实地调研、专家论证、宣传培训等方式，重点开展了农产品质量安全信用发展模式、管理办法、评价准则、平台设计、试点应用五方面的研究。各地结合区域内农产品质量安全工作实际，围绕农产品质量安全信用主体档案、信用评价、信用应用等内容开展了一系列研究创新工作，并取得了一定成效。

（一）引导主体"立信"，夯实农产品质量安全信用基础

建立主体信用档案是农产品质量安全信用体系建设的首要基础。

2017年，农业部印发了《农业部办公厅关于建立农资和农产品生产经营主体信用档案的通知》，推动国家级、省级农产品质量安全县率先建立本行政区域内生产经营主体信用档案，各地也围绕农产品生产经营主体信用档案开展相关探索。例如，江苏省2019年印发《关于建立健全农产品质量安全重点监管对象电子信用档案的通知》，推动省级农产品质量安全追溯平台注册信用建档，实现全省统一的电子信用档案管理。2021年江苏省农业农村厅印发《关于实施十万规模主体入网监管行动全面提升农产品质量安全水平的通知》，目前江苏省已对17.3万家农产品生产主体实现信息化管理，实现了主体基本情况、承诺达标合格管理等信息的常态化采集，为进一步完善主体信用档案打下了很好的基础。

（二）开展科学"评信"，为主体准确"画像"

科学评信可以客观地反映出一个农产品生产经营主体的综合信用水平。各地因地制宜探索开展农产品质量安全信用评价管理。例如，浙江省农业农村厅印发《浙江省食用农产品生产主体信用综合监管实施办法（试行）》，江苏省农业农村厅印发《农产品质量安全信用管理办法（试行）》，山东省农业农村厅印发《山东省农产品质量安全信用红黑名单管理办法（试行）》，广东省农业农村厅印发《广东省农产品质量安全信用体系建设采信及评价工作方案（试行）》，天津市农业农村委员会印发《天津市农产品质量安全信用管理办法（试行）》等。江苏省昆山市农业农村局还专门制定了"大闸蟹信用评价指标体系"，评价体系对大闸蟹养殖主体的基本情况、生产过程管理、环境管理、质量管理、公共信用、抽检监督、社会责任履行7个维度共计63项指标进行监督管理与结果评价。

（三）透明公开"示信"，提高信息利用效率

信用信息公开公示是农产品质量安全信用体系建设的关键环节。农业农村部对原有农业农村部农产品质量安全监管司网站"农安信用"频道进行升级改版，定期将本级行政许可和行政处罚等信用信息推送至全国信用信息共享平台，截至 2023 年年底，已推送共享信用信息近 50 万条。浙江湖州依托"信用湖州"公众平台设置信用查询、信用动态、信用公示等栏目，将生产经营主体信用等级信息、行政许可和行政处罚"双公示"等信息及时向社会公布，畅通"12345"涉农投诉举报渠道，引导社会各界参与农产品质量安全信用监管。湖州市农业农村局进一步完善信息查询日志和账户，设立审查机制，牵头对 5 年内作出的行政处罚对象开展信用修复工作，召开农业生产经营主体信用修复培训班，为 18 家失信主体 20 个失信事项开展信用修复工作。

（四）探索创新"用信"，推动信用工作持续性

创新信用服务是信用信息记录加工后的增值产品，其应用决定着农产品质量安全信用工作的有效性和可持续性。国家发展和改革委员会等 29 个部委签署《关于对农资领域严重失信生产经营单位及其有关人员开展联合惩戒的合作备忘录》。各地围绕"信用+执法监管""信用+保险信贷""信用+项目申报""信用+产品认证"等方面开展试点探索。例如，四川青神首创"十二分制"农资信用管理办法，结合记分周期内扣分情况确定农资店信用等级，分级监管确定日常执法检查频次，并分别给予书面通报、停业整顿、吊销农药经营许可证等处罚。宁波象山对全县 700 余家规模以上农产品生产主体，1.4 万户小农户全部开展信用评价，同时联合金融机构对 14 家经营主体执行贷款利率优惠政策，金融激

励惩戒的成效明显。上海浦东将全区1182家生产主体信息全部纳入信用平台动态管理，并将信用等级作为"放心基地"创建、推优评奖、加入农业协会品牌联社等的前置性条件，这也为浦东新区打造成为"市民最放心"的农产品质量安全区和"市场最欢迎"的农产品品牌集聚区这一名片夯实了基础。

第三章

农产品质量安全信用标准体系框架

◆ **本章导读**

标准是经济活动和社会发展的重要支撑，是国家基础性制度的重要方面。近年来，社会信用标准化建设加快推进，着力解决社会信用体系建设一系列关键技术标准缺失问题，有力推进了社会信用体系建设快速发展。随着农产品质量安全信用体系建设推进，信用标准化需求更加旺盛和多元，本章重点梳理农产品质量安全信用体系建设推进路径，解读农产品质量安全信用评价准则和指标。

一、农产品质量安全信用标准体系概述

标准化是社会信用体系建设的重要基础和技术保障。目前我国发布的信用相关国家标准中，70%以上的执行主体是法人（企业）。在适用于法人的信用标准中，标准化基础类、信用信息共享类、信用信息归集类、信用信息应用类、信用信息服务类、信用管理类、信用评价类各有分布，其中信用信息归集类、信用管理类、信用评价类3类标准总占比超过了80%。

标准是一种重要的符号资源，符号的高度集中使用说明人们对某一事物的认知与评价形成统一，认知的统一更容易建立稳定统一、共识度高的声誉市场。标准体系是为标准的制修订和实施进行规划，并提供依据，既是标准化的顶层设计工作，又是标准化的前期基本建设工作。近年来，农业农村部农产品质量标准研究中心围绕关键主体、关键环节、关键要素研究制定农产品质量安全信用标准体系框架。重点针对农资和农产品的不同特点，围绕信息采集、数据交换、信息发布、应用服务、机构管理等方面构建标准集群，研究提出"基础类、管理类、评价类、采信类、信息化类"五大类标准框架。

（一）基础类

农产品质量安全信用基础类标准包括相关的信用基本术语、标准化工作指南等基础性标准，可以直接采纳已有的信用国家标准，为农产品质量安全监管领域信用标准化工作提供基础性指导。因此，农产品质量安全信用基础标准应包括农产品质量安全信用档案编制规范、农产品质量安全信用体系建设规范和农产品质量安全信用管理制度规范等。

（二）管理类

信用信息的应用管理包括信用分级监管和信用奖惩，信用信息的应用管理是信用的作用得以充分发挥的必要环节。信用分级监管是依据农产品生产经营主体信用评价结果对信用主体进行分级，对不同主体采取不同的监管方式进行"差别化监管"。信用奖惩是指对农产品质量安全主体的激励与惩戒措施。在信用奖惩环节中，标准以辅助执法、补充执法依据的形式存在，不能单独构成执法依据和主体。总体来看农产品质量安全信用管理类的标准分为业务管理、机构管理和人员管理。其中，业务管理包括农产品质量安全信用档案管理规范、农产品质量安全信用评价管理规范、农产品质量安全信用公示管理规范、农产品质量安全信用修复管理规范；机构管理主要包括农产品质量安全信用评价机构管理规范、农产品质量安全检测机构管理规范和农产品质量安全信用信息化服务机构管理规范等；人员管理主要是与农产品质量安全信用管理人员资质要求相关的标准规范。

（三）采信类

采信类强调信用信息的收集、应用和激励约束机制，包括数据采集规范、共享平台建设及奖惩措施等。例如，整合供应链上下游的交易记录、建立跨区域信用信息库并依据评价结果实施差异化监管（如对高信用企业给予绿色通道、对失信者限制市场准入），这有助于形成"守信受益、失信受限"的市场环境，强化信用体系的实际影响力和公信力。

（四）评价类

信用信息评级是声誉的信息源头。复杂庞大的信用信息数据应通过评级标准简化为信用状况的直观表达，并用作判断主体信用状况的依据。信用信息评级的关键是需要有统一的分类依据，依据统一的标准对主体的信用状况进行综合分析来划分不同主体的信用风险，确认其信用等级，并向社会公开主体的信用等级。政府有责任和义务对市场上的评级机构和评级产品进行监督和管理，维护正常的市场秩序。因此，农产品质量安全信用评价类的标准应包括农产品质量安全信用评价准则、区域性农产品质量安全信用评价方法、行业性农产品质量安全信用评价方法等。

（五）信息化类

信息化类支撑体系的技术实现和数据管理，涵盖系统架构设计、数据安全标准及智能化应用等。例如，开发云端信用管理平台、制定大数据分析规则和隐私保护协议，利用物联网、区块链等技术实现全程追溯和实时监控，这不仅提升信用评估的准确性与时效性，还推动农产品质量安全迈向数字化和智能化管理的新阶段。

二、农产品质量安全信用体系建设规范

农产品质量安全信用体系建设是社会信用体系建设的重要内容之一。

加强农产品质量安全信用体系建设，构建以信用为基础的新型农产品质量安全监管机制，有利于提高农业投入品和农产品生产经营主体责任意识和诚信意识，促进农业持续健康发展。农业农村部农产品质量标准研究中心牵头，组织江南大学、宁波大学等单位起草了《农产品质量安全信用体系建设规范》。

（一）目的意义

《农产品质量安全信用体系建设规范》对指导推进农产品质量安全信用体系建设具有以下三方面的重要意义。

1. 统一认识，明确目标

尽管各地已经围绕农产品质量安全信用体系建设开展相关探索，但由于各地认识理解差异，农产品质量安全信用体系建设工作发展不平衡，信用信息面临着多元采集、交换共享困难、信用结果显示不统一等多方面的问题。《农产品质量安全信用体系建设规范》发挥标准本身的基础性和普适性的价值，针对农产品质量安全信用体系建设的长期性、系统性和复杂性，统筹规划，明确农产品质量安全信用管理流程，有效统一各地对农产品质量安全信用管理工作系统的认识和理解。

2. 优化资源，指导实践

《农产品质量安全信用体系建设规范》的制定是建立在农产品质量安全信用体系建设理论研究与实践经验积累基础之上，提高标准指导实践应用的价值。依据当前农产品质量安全工作发展趋势和任务要求，在广泛开展调研的基础上，充分总结实践经验，强调方法应用，推动农产品质量安全信用体系建设工作优化资源配置和过程管理，指导各地农业农村行政主管部门将农产品质量安全信用体系建设和信用管理工作落地落实。

3. 规范发展，加快推进

《农产品质量安全信用体系建设规范》强化顶层设计，规范业务流程，突出重点内容，指导各地农业行政主管部门在农产品质量安全信用体系建设工作中要发挥组织、引导、监督、协调作用，促进基层充分发挥首创精神，创新推进信用体系建设的有效措施和模式，不断总结推广，加快推进我国农产品质量安全信用体系建设步伐。

（二）主要依据

《农产品质量安全信用体系建设规范》是为深入贯彻落实《中华人民共和国农产品质量安全法》《国务院关于印发社会信用体系建设规划纲要（2014—2020年）的通知》《关于建立完善守信联合激励和失信联合惩戒制度 加快推进社会诚信建设的指导意见》《关于加快推进社会信用体系建设 构建以信用为基础的新型监管机制的指导意见》等重要文件精神制定的，是根据2014年原农业部印发的《关于加快推进农产品质量安全信用体系建设的指导意见》的有关要求，制定的农产品质量安全信用体系建设规范。

（三）农产品质量安全信用体系建设基本思路

1. 统一农产品质量安全信用体系建设基本框架

社会信用体系建设是一项非常复杂的系统工程，需要充分调动各方资源推动建设。不仅要建立以政府主管部门为主导的信用体系，还要积极推动行业协会、第三方组织等构建市场化的信用服务体系。农产品质量安全信用体系建设是社会信用体系建设的重要组成部分，农产品质量安全信用体系建设需要政府部门、行业协会、农产品生产经营主体共同参与。《农产品质量安全信用体系建设规范》统一农产品质量安全信用体系建设基本框架。

(1) 明确职责。

组织农产品质量安全信用体系建设的实施单位无论是政府部门还是行业协会或其他组织，其主要职责是组织引导建立农安信用档案、核实归集信用信息、开展信用评价评级、推动信用结果应用等。

(2) 人员要求。

农产品质量安全信用工作是一项综合性比较强的工作，需要有专门的人员具体执行，并且执行人员要熟悉农产品质量安全工作，掌握农产品质量安全信用管理相关知识和技能，以负责信用信息采集、整理、核实、跟踪等管理工作。

(3) 技术支撑。

在信息时代，信用信息的存储、交换、应用、服务、安全备份等都离不开信息技术的支撑。开展农产品质量安全信用体系建设要建立信息化管理与服务平台及系统，实现信用管理的电子化。有基础的地区可以对已有平台进行优化升级，其他地区可以整合现有资源，通过共建或第三方服务等方式加快构建农安信用信息管理服务平台，开展信用信息归集、共享、公示和应用，为开展信用评价提供技术支撑。

2. 明确农产品质量安全信用体系建设业务流程

信用信息是开展信用服务活动的最基本数据，是以信用为基础的新型监管机制的数据支撑，是发展数字经济的大数据来源。《农产品质量安全信用体系建设规范》围绕信用信息，构建起"立信、评信、示信、用信"的完整功能链条。完整定义了农产品质量安全信用体系建设工作的基本流程。

(1) "立信"，即建立档案。

建立主体信用档案是农产品质量安全信用体系的基础和前提。组织农产品质量安全信用体系建设机构要组织农产品生产经营主体建立完整的信用档案，信用信息要确保真实性、准确性、完整性、时效性、规范性、合法性、必要性和安全性。鼓励各地要逐步将原有纸质化信用档案转为电子化，逐步归集、整合至信用服务平台。

（2）"评信"，即组织评价。

组织开展信用评价是强化农产品质量安全信用体系建设的重要内容之一。《农产品质量安全信用体系建设规范》明确以《农产品质量安全信用评价准则》为信用信息评价的根本遵循。统一了农产品质量安全信用信息的归集。《农产品质量安全信用评价准则》根据"公正、客观、科学、公开"原则，既要考虑农产品质量安全工作的特殊性，又要能够真实反映出一个主体的综合信用水平。通过采用综合评价法中的加权求和法，简便、快捷，能客观呈现不同评价指标的权重以及各指标的重要性排名。其中设置了 A、B、C 三等，A 等可进一步细分为三级，用 AAA、AA 和 A 来区分，充分细化不同信用状况的主体。

（3）"示信"，即信用公示。

信用信息公开公示是农产品质量安全信用体系建设的关键环节。信用信息公示是促进信息的不断交换、分享，巩固既有信息的同时增加新的信息，进而提高信用信息资源的利用效率，实现信用信息资源价值的最大化。可以依托"信用中国"网站、各地本级政府官网或其他媒体渠道，常态化公开主体的信用档案、主体动态信用评价结果和信用修复记录等。

（4）"用信"，即信用服务。

信用服务是信用记录加工后的增值产品，其应用决定着农产品质量安全信用工作的有效性和可持续性。开展农产品质量安全信用体系建设要拓展多场景应用，《农产品质量安全信用体系建设规范》在广泛调研的基础上，充分借鉴浙江、山东、江苏、上海、广东等地信用服务案例，提出创新拓展信用服务场景，例如，"信用+执法监管""信用+保险信贷""信用+项目申报""信用+产品认证""信用+品牌建设""信用+绿色通道"等，充分发挥信用的作用和价值。

3. 规范农产品质量安全信用体系建设工作方法

当前，国家将社会信用体系建设明确视为增强治理能力的基础路径，但社会信用体系建设各方面的进展很不平衡，实践探索快于理论研究。同理，各地也在探索农产品质量安全信用体系建设，由于相关实施工作的组织和开展方式高度分散，很难清晰、完整、即时地展示农产品质量安全信用体系建设动态，实践中出现了所谓"信用箩筐化"。《农产品质量安全信用体系建设规范》的关键是让各方明白自己需要干哪些事情，规范农安信用体系建设基本流程。

（1）制订计划。

由组织农产品质量安全信用体系建设的部门或组织，制订农产品质量安全信用体系建设的实施方案，明确发展目标、建设原则、主要任务、实施步骤、保障措施等内容，并且要进一步细化实施方案阶段性目标，明确完成时间节点。从本地区或本行业农产品质量安全信用体系建设顶层设计方面整体理解建设农安信用体系建构，明确各项工作开展先后顺序，各个阶段之间的内在联系，从事农产品质量安全信用体系建设工作的各有关部门和人员都必须严格执行实施方案。

（2）组织实施。

围绕农产品质量安全信用体系建设目标，组织监管执法主体和农产品生产经营主体开展相关业务培训，学习信用相关法律法规和标准，农产品质量安全信用档案建立要点，信用评价指标与方法，信用体系建设和技术应用等内容，充分发挥数字化工具优势，建立线上线下相结合的培训方式,并结合培训时长、测评等考核形式,深化培训成效,打造"人人懂信用,人人用信用"的良好氛围。

(3)评估改进。

为保障农产品质量安全信用体系建设工作的有效性和健康发展,以消除不符合或潜在不符合信用体系建设工作的影响因素,完善薄弱环节。《农产品质量安全信用体系建设规范》是规范评估改进的措施,先是负责农产品质量安全信用工作的领导小组,制订具体方案,强化责任落实,建立内部评估审核计划,鼓励将农业信息化、食用农产品合格证等科研、推广、产业项目与信用工作统筹实施,提升实施成效,并定期组织开展农产品质量安全信用体系建设目标和实施效果评估。针对评估过程中发现的问题及时整改,并在实施方案、职责分工、组织保障等方面进行对应调整,使得农产品质量安全信用体系建设工作不断优化,不断循环,快速推进。

(四)农产品质量安全信用体系建设规范基本框架

《农产品质量安全信用体系建设规范》在现有农产品质量安全信用体系建设的实践基础上,确定了范围、规范性引用文件、规范性术语定义、基本原则、能力要求、人员要求、制度规范、平台建设等内容。

1. 范围

《农产品质量安全信用体系建设规范》规定了农产品质量安全信用体系建设的术语和定义、基本原则、建设要求和保障机制。适用于指导开展农产品质量安全信用体系建设。

2. 规范性引用文件

《农产品质量安全信用体系建设规范》主要引用的是GB/T 22117信用基本术语、GB/T 31952-2015企业信用档案信息规范等。

3. 农产品质量安全信用相关术语的定义

社会信用体系是市场经济体制和社会治理体制的重要组成部分。随着社会信用体系的建立和完善，统一信用术语非常重要，明确信用领域的基本术语及其简明定义，对加强各类组织和个人在同一个平台上的交流与协作，提高信用管理和服务水平都具有重要的意义。2018年10月1日，国家标准《信用基本术语》（GB/T 22117—2018）正式实施，这项标准规定了信用通用、信用管理、征信、信用评级、信用担保、信用保险、社会信用体系等方面的基本概念及其定义，主要适用于信用服务、管理、科研、教学和出版等领域，其他涉及信用工作的相关领域也可以参照使用。

（1）农产品质量安全信用概念。

《信用基本术语》中将信用定义为个人或组织履行承诺的意愿和能力。其中承诺包括法律法规和强制性标准规定的、合同条款等契约约定的、社会合理期望等社会责任等内容。在经济领域，信用的含义等同于交易信用，是指交易各方在信任的基础上，不用立即付款或者担保就可获得资金、物资或服务的能力，这种能力以在约定和期限内为条件，并可以使用货币单位直接度量。关于农产品质量安全的概念，新修订的《中华人民共和国农产品质量安全法》明确规定农产品质量安全是指农产品质量达到质量安全标准，符合保障人的健康、安全的要求。因此，将农产品质量安全信用定义为农产品生产经营主体在生产经营过程中保障农产品质量安全的意愿和能力。

（2）农产品质量安全信用体系。

《信用基本术语》对于社会信用体系来说主要是规范统一社会信用代码、信用监管、政务诚信、商务诚信、诚信评价、信用制度等相关术语的概念。《农产品质量安全信用体系建设规范》将农产品质量安全信用体系定义为提升生产经营主体保障农产品质量安全意愿、能力及其农产品质量安全状况全面提升的若干事务构成的整体。

（3）农产品质量安全信用管理。

信用管理在《信用基本术语》中被定义为识别、防范、转移和控制信用风险的管理技术、操作规程和制度安排。参照此定义，将农产品质量安全信用管理定义为对农产品质量安全信用体系建设业务的流程规范，管理技术的指导及对信用主体的农产品生产经营活动的监督管理。

（4）农产品质量安全信用评级。

信用评级在《信用基本术语》中被定义为对影响评级对象的诸多风险因素进行分析研究，对其在未来一段时间按期偿还债务的能力及其偿还意愿进行综合评价，并用专业符号表示不同的信用等级，以揭示债务人或特定债务信息风险的活动。借鉴此术语定义，将农产品质量安全信用评级定义为对农产品生产经营主体保障质量安全意愿和能力的综合评价，用专业符号表示不同等级的活动。

4. 基本原则

（1）统一性原则。

《农产品质量安全信用建设规范》的首要原则是推动农产品质量安全信用体系建设的组织实施、业务规范和平台功能等基本要求相一致、统一。目的是解决当前农产品质量安全信用"筐筐化"的基本现状，避免将农产品质量安全信用与农产品质量安全信息化等相关工作混淆，统一对农产品质量安全信用相关业务的基本认识。

（2）规范性原则。

《农产品质量安全信用建设规范》编写格式按照 GB/T 1.1—2020《标准化工作导则 第 1 部分：标准化文件的结构和起草规则》规定的格式进行编写，保证标准符合规范和要求。在引用关于信用方面的术语和定义时与 GB/T 22117—2018 信用基本术语保持一致。另外，开展农产品质量安全信用体系建设应遵循国家法律法规和相关标准的要求，加强信用信息管理，规范信用体系发展。

（3）协同性原则。

《农产品质量安全信用建设规范》制定立足当前农产品质量安全工作发展形势，力求工作实际和业务需求，通过开展农产品质量安全信用体系建设的实证分析，推动农产品质量安全信用体系建设的组织实施的内部协调，外部与其他部门协同，形成农产品质量安全信用体系建设合力，确保《农产品质量安全信用体系建设规范》的价值及实用性。

（4）可持续性原则。

农产品质量安全信用体系建设是一项长期性的工作，随着社会经济发展，个人或经营主体也会通过各种方式，融入更大的市场主体或产业之中，由此形成的场景和数据信息往往能帮助监管银行机构，形成更全面的主体画像。这样的信息增长点需要外部不断挖掘，进而普遍提高诚信意识，营造自律、守信、互信的社会信用环境。

5. 能力要求

农产品质量安全信用体系建设要求实施单位要具备一定的能力，《农产品质量安全信用建设规范》主要规定了组织开展农产品质量安全信用体系建设的实施单位要具备：指导农产品生产经营主体建立信用档案，提供技术培训、技术咨询等服务，归集、核实农产品生产经营主体信用信息，开展农产品质量安全信用评级，公示信用评级结果，推动信用评级结果的应用。

6. 人员要求

《农产品质量安全信用体系建设规范》明确了从业人员的要求，主要包括熟悉农产品质量安全相关的法律法规，掌握农产品质量安全管理等相关业务知识，具备农产品质量安全信用管理能力等，这里的农产品质量安全信用管理主要是农产品质量安全信用制度和要熟悉掌握操作规程。

7. 制度规范

制度规范是推进农产品质量安全信用体系建设的基础，《农产品质量安全信用体系建设规范》规定建立健全农产品质量安全信用管理制度，主要包括农产品质量安全信息归集制度、农产品质量安全信用评级制度、信用信息公开制度、失信主体的认定与惩戒制度、信用修复制度等。

8. 平台建设

基础设施建设是推进农产品质量安全信用信息数据深度融合的重要抓手，是推动农产品质量安全信用体系建设发展的重要基础。因此，《农产品质量安全信用体系建设规范》规定实施单位在推进农产品质量安全信用体系建设的过程中，需要建立或依托其他的信息化平台开展农产品质量安全信用管理，应具备但不限于信用档案管理、信用评级管理、信用公示管理、信用修复管理等功能。

9. 持续改进

农产品质量安全信用体系建设工作是一项系统性的工作，在推进过程中需要不断进行总结提升。《农产品质量安全信用体系建设规范》规定实施单位要建立内部评估审核计划，定期评估农产品质量安全信用体系建设成效，以保持农产品质量安全信用体系建设的持续改进。

三、农产品生产主体信用评价指标和评级方法

信用评价评级是信用体系建设的重要内容之一，可以加快推动我国

信用体系建设的步伐，完善信用管理制度，又可以增强各行业企业的信用管理和风险防范意识。为规范农产品质量安全信用评价，明确主体信用评价指标，指导地方开展农产品质量安全信用评价活动，加快推进农产品质量安全信用体系建设，由农业农村部农产品质量标准研究中心牵头，联合江南大学、宁波大学和广东省农业科学院农业质量标准与监测技术研究所等科研机构，起草了《农产品质量安全信用评价准则》。

（一）编制意义

信用监管的目的是要让守信者"降成本、减压力"，让失信者"付代价、增压力"，科学的信用评价既是信用监管实现的方法之一，也是分级分类监管的基本依据。因此，构建科学、公正、客观的《农产品质量安全信用评价准则》对于开展农产品质量安全信用分级分类监管具有重要意义，同时也有利于强化农产品生产经营主体的风险防范意识，进而进一步落实主体责任。

1. 规范评价活动

信用评价活动要以标准化、规范化为前提。然而目前我国农产品质量安全信用体系建设整体还处于起步阶段，尚未建立全国统一的标准体系。不同地区采取的信用评价标准不尽相同，有的地区建立农产品质量安全信用管理平台，在信用评级的时候使用了基本信息、质量安全信息等21个指标；有的地区在农产品质量安全信用评级时分为组织管理、保障体系建设、生产管理内容三大模块共19个指标。例如，在广东省农业农村厅印发的《广东省农产品质量安全信用体系建设采信及评价工作方案（试行）》中，采信及评价指标体系主要包含农产品生产经营主体基本情况、农产品生产过程控制情况、行业认可水平、行业监管信息、社会反馈意见5项一级指标；一级指标下又分主体信息、内控制度、投入品管理、合格证追溯应用、产品检测、技术培训、产品认证、体系认证、日常巡检、风险监测、监督抽查、行政处罚等不诚信行为、负面舆情13项二级指标；二级指标下又再细分30项三级指标。生产过程控制、投入品管理、合格证追溯应用等9项三级指标是关键指标，如没有实施将倒扣且该项可得负分。农产品质量安全信用的评价实行年度信用分累积、年度评级（权重）100分动态记分制。农产品质量安全信用评级采取量化评分、从高到低共分为AAAA级、AAA级、AA级、A级、B级、C级六个等级。杭州市农业农村局制定了《杭州市食用农产品生产主体信用综合监管实施办法》，主要包括信用综合监管含义、信息归集与结果评价、失信行为、信用修复、评价结果应用、信用查询等内容。信用评价标准采用扣分制，信用评价总分为1000分，包括公共基础信息（300分）和行业生产行为信息（700分），主体信用评价结果分为ABCDE五个等级。由于缺乏统一评级标准，出现各自演绎、无法归纳的现象。《农产品质量安全信用评价准则》的制定在广泛调研的基础上，综合不同区域、不同评价对象的共性特征，统一了信用信息及评级标准，解决了信用信息"信息孤岛"的问题。

2. 明确评价指标

评价指标是信用评价活动的重中之重，是主体信用评级的重要支撑。如果信用信息没有一致性，就没有可比性，也不能产生流动性。《农产品质量安全信用评价准则》的起草在深入开展理论研究、基层调研和充分吸收借鉴其他行业领域信用评价的基础上，结合当前农产品质量安全工作发展趋势和任务要求，参考江苏省、浙江省、山东省、广东省等地信用评价的实践案例，立足提升农产品生产主体，保障农产品质量安全意愿和能力，以信息披露能力、安全生产能力、质量保障能力、品牌发展能力、守信履约能力5个方面作为信用评价核心指标，建立完整、客观、科学的农产品质量安全信用评价指标体系。

3. 统一评分方法

农产品质量安全信用评价活动是一张多方联动的网络，但由于当前各地信用评价方法各不相同，导致各地信用评级结果无法通用。例如，有些地方根据主体符合指标数的情况开展信用评级活动，有的地方则是根据每项指标的得分数总和来评判主体信用等级，评分方法的不统一导致各地的评价结果没有可比性，也无法跨区域得到公认。《农产品质量安全信用评价准则》的制定采用动态与静态、定量与定性的科学分析方法进行综合评定，有效推动农产品质量安全信用评价的数据共享和结果互认。

（二）评价指标基本特征

《农产品质量安全信用评价准则》既突出重点引导方向，又考虑差异分类指导，结合农产品质量安全监管的业务范围，以提升农产品生产主体信息披露能力、安全生产能力、质量保障能力、品牌发展能力、守信履约能力五大方面的核心指标体系，重点突出四个方面的特点。

1. 突出"法律有规定"

信用评价指标体系应具有普遍适用性。法律作为一般的行为规范在国家权力管辖范围内具有普遍适用的效力和特性。因此，农产品质量安全信用评价指标选取的首要前提是依据相关法律法规的规定，做到应纳尽纳。

《农产品质量安全信用评价准则》依据《农产品质量安全法》《中华人民共和国食品安全法》（以下简称《食品安全法》）《征信业管理条例》等相关法律法规，将法律法规中有明确规定的纳入评价指标体系。例如，《农产品质量安全法》第二十七条、第三十四条、第三十八条、第三十九条等条款规定生产记录、承诺达标合格证、包装标识、产品检测等内容；《食品安全法》第五十条、第五十三条等明确规定上市食用农产品要有检验合格证或者其他合格证明材料等。另外,《农产品质量安全法》也规定,农产品生产企业、农民专业合作社要开具食用农产品承诺达标合格证,收购单位或个人要索取并保存合格证及其他证明材料,倒逼、引导农户开具食用农产品承诺达标合格证。《农产品质量安全信用评价准则》制定严格且遵循相关法律法规,评价指标体系的设置、权重在各指标间的分配及评价标准的划分都体现了"法无授权不可为"。

2. 突出"工作有基础"

社会经济效益需要通过一定时间尺度的指标才能反映出来,因此评价指标要充分考虑到动态的变化,应该收集一定时间内的变化数值。因此,农产品质量安全信用评价应紧密结合农产品质量安全日常工作实践。《农产品质量安全信用评价准则》充分结合当前农产品质量安全工作实践基础,设置评价指标。例如,农产品质量安全风险监测和监督抽查是强化监管、防范风险的重要手段。农业农村部每年按季度对31个省(区、市)的蔬菜、水果、茶叶、畜禽产品和水产品开展例行监测。根据农产品质量安全风险监测中发现的问题隐患,组织开展农产品质量安全监督抽查。"十四五"时期,部省两级监测网络基本覆盖了全国主要大中城市、农产品产区和城乡居民主要消费的农产品品种。

3. 突出"实践有亮点"

信用评价指标的选取务必确保评价指标具有一定的典型性和代表性。农产品质量安全信用评价指标体系的构建具有层次性,突出农产品质量安全高质量发展的引导方向,通过强化保障农产品质量安全基础工作的同时,指导农产品生产经营主体借助品牌把农产品的差异化体现出来,增强农产品质量安全意识,满足消费者对农产品的更高需求。

近年来,绿色食品、有机农产品、农产品地理标志和良好农业规范等农产品质量认证,不断推进农产品生产基地标准化生产,加强农产品品牌建设，助推农业高质量发展。另外，绿色有机地标产品秉承特色化、优质化、品牌化的发展理念，推行产地洁净化、生产标准化、投入品减量化、废弃物资源化等绿色生产模式，并且经过多年的发展已积累了成熟的经验。《农产品质量安全信用评价准则》将产品认证和体系认证等内容纳入农产品质量安全信用评价指标体系，既结合农产品质量安全工作基础，又体现评价指标层次性，从宏观到微观层层深入，形成一个不可分割的评价体系。

4. 突出"数据可得性"

评价指标的选取不能过少过简，避免指标信息遗漏、出现错误、不真实现象，并且数据易获且计算方法简明易懂。新时代食品安全社会共治要求将公众、行业协会、媒体、社会组织等社会主体纳入风险治理框架内，充分发挥各自的比较优势。因此，评价指标全面考虑农产品质量安全影响因素，并进行综合分析和评价，为保障评价指标体系的完整性，将社会反馈信息纳入指标体系。此外，随着信息化时代的到来，各行业都探索运用大数据、人工智能、"互联网+"等信息技术手段赋能监管。目前有31个省（区、市）已基本开通了12316"三农"服务热线，每年咨询人数达上千万人次。媒体监督也是农产品质量安全社会共治的重要组成部分，如每年央视"3·15"晚会围绕着消费者权益与市场诚信的关系等内容，揭露"瘦肉精"等案件，守护公共利益。因此《农产品质量安全信用评价准则》将主流媒体曝光的农产品质量安全负面舆情也作为评价指标之一。

结合农产品质量安全监管业务的需要，主要以农产品生产主体保障农产品质量安全能力为视角，从信息披露能力、安全生产能力、质量保障能力、品牌发展能力、守信履约能力五个维度进行评价，每个维度包含若干指标（表3-1）。各地可结合本区域实际情况，对各项指标进行加权和赋分,以实现对主体农产品质量安全信用的科学评价。

表 3-1　五个维度的不同指标

评价维度	评价指标	指标说明
信息披露能力	主体档案完善度	主体信息披露要真实、完整,包括但不限于:身份识别信息、主体生产信息、主体管控信息、品牌发展信息等。主体档案完善度即主体档案中已完善的信息占所有应完善的信息的比例
	主体信息更新频率	一定时期内主体自主更新自身信用档案信息的频率,如无信息变化,则需主体定期确认
安全生产能力	管理制度完整度	主体应建立投入品使用管理、田间管理、生产记录管理、无害化处理等制度。管理制度完整度即主体已建立完善的制度,占应建立完善制度的比例
	生产记录更新频率	一定时期内主体自主更新生产记录的频率,如无生产活动,则需主体进行定期确认
	人员配备率	具备质量管理员、生产技术员或内检员等管理人员的数量占主体生产规模对应应有配备数量的比例
	人员培训数	一定时期内工作人员参加有关部门、行业协会或自行组织的相关技术培训次数
质量保障能力	合格证开具率	一定时期内食用农产品合格证规范开具批次占总生产批次的比例
	检测设备配备率	是否配有农兽药残留快速检测设施设备,以及配备检测设备能够检测指标占主体实际用药种类的比例
	产品检测率	一定时期内农产品销售前开展自我检测或委托检测批次占总批次的比例
品牌发展能力	产品认证数	主体通过绿色食品认证或有机产品认证或地理标志农产品登记等,且在有效期内的农产品个数
	行业认可度	获得 HACCP 认证、ISO 22000 认证、ISO 9000 认证、良好农业规范(GAP)认证等,且在有效期内
	绿色防控覆盖率	应用生态调控、生物防治、物理防治等绿色防控技术亩数占种养总规模的比例

续表

评价维度	评价指标	指标说明
守信履约能力	巡察问题发现数	一定时期内监管部门在巡查检查中发现违法违规行为的次数
	监测问题发现数	一定时期内监管部门在专项监测、例行监测和监督抽查中发现问题的次数
	执法处罚数	一定时期内受到各类行政处罚、失信记录、市场监管异常记录次数；受到涉及犯罪的刑事处罚次数
	社会反馈度	一定时期内媒体发布的负面农产品质量安全舆情信息和消费者投诉举报次数

（三）信用等级

信用等级设置是评估信息表达和传输的方式，科学合理地设置信用等级，既简单明了，又要具有大众性、可理解性。当前，信用评价大多数都采用加权求和法和 AAA~C 的评级符号体系。但也有一些领域采用 KMV 模型分析、机器学习法等评价方法，四等十一级制（AA 至 CCC）、三等九级制（Aa 至 Caa）的等级划分形式，但这种形式对数据的量级要求高，评价流程也较为复杂，并不适宜当前农产品质量安全信用评价活动。

《农产品质量安全信用评价准则》结合江苏、浙江、山东、广东等地农产品质量安全信用评价的实践经验，采用加权求和的评价方法，将评价指标的得分总额按比重求和得到一个满分百分制的信用分数，简便、快捷，能客观呈现不同评价指标的权重及各指标的重要性。同时，为能够激励农产品生产主体积极参与农产品质量安全信用评价活动，细化不同信用状况的生产主体，将信用等级设置为 A、B、C 三等；为公正准确展示信用评级结果，对于守信主体树立更好的形象，享受更多"绿色通道"权利，并将 A 等进一步细分为三级，用 AAA、AA 和 A 来区分，激励农产品生产主体参与信用评价活动的积极性（表3-2）。

表3-2 农产品质量安全信用等级含义

等级	信用分值	含义
AAA	(90, 100]	评价对象农产品质量安全综合水平极好，信用程度高，具有完整且良好的信用记录，不确定因素对农产品质量安全影响小
AA	(80, 90]	评价对象农产品质量安全综合水平良好，具有良好的信用记录，尽管存在一些影响其未来农产品质量安全的不确定因素，但这些因素对其履行农产品质量安全承诺的能力和意愿的影响较小
A	(75, 80]	评价对象农产品质量安全综合水平一般，信用记录正常，但未来易受不确定因素的影响，履行农产品质量安全承诺的能力和意愿有波动
B	(60, 75]	评价对象农产品质量安全综合水平很弱，存在个别不良信用记录，未来对农产品质量安全保障能力有限，履行农产品质量安全承诺的能力和意愿较弱
C	(0, 60]	评价对象农产品质量安全综合水平较差，存在不良信用记录，未来对农产品质量安全保障能力不明朗，履行农产品质量安全承诺的能力和意愿较弱

第四章

农产品质量安全信用体系建设形势任务

◆ **本章导读**

党的二十大报告中将社会信用与产权保护、市场准入、公平竞争一起,并列为市场经济基础制度。从未来的发展方向来看,以政务诚信、商务诚信、社会诚信、司法公信为重点的广义社会信用体系建设将不断深入发展。社会信用体系建设的法治化、体系化、社会化、数字化特征将更加凸显。在农产品质量安全信用体系建设方面,随着新农产品质量安全法深入实施,将推动建立以信用为核心,贯穿事前、事中、事后全生命周期的新型监管机制,开创农产品质量安全管理的新局面,揭开农业高质量发展的新篇章。本章重点介绍农产品质量安全信用体系建设的形势要求、基本思路和创新举措。

第四章 农产品质量安全信用体系建设形势任务

《农产品质量安全法》指出信用承诺是国家治理体系和治理能力现代化的重要内容。《农产品质量安全法》践行社会共治理念，新增农产品质量安全信用体系建设等内容，为构建农产品质量安全治理新格局提供了法治保障。本章重点介绍农产品质量安全信用体系未来的发展趋势和具体要求。

一、农产品质量安全信用体系建设形势要求

（一）践行农产品质量安全信用体系建设的法定职责

《农产品质量安全法》第五十四条明确规定："县级以上人民政府农业农村等部门应当加强农产品质量安全信用体系建设，建立农产品生产经营者信用记录，记载行政处罚等信息，推进农产品质量安全信用信息的应用和管理。"此次修订以法律形式推动农产品质量安全信用体系建设，建立以农产品生产经营主体信用为基础的监管机制，将推动农产品生产经营主体从外控式守法向内生式守法转变。进而推动建立以信用为核心，贯穿事前、事中、事后全生命周期的新型监管机制。在事前监管环节，生产主体"做承诺""开具承诺达标合格证"，提高诚信自律意识。在事中监管环节，全面建立信用记录档案，大力推进信用分级分类

监管。在事后监管环节，强调用好失信联合惩戒的"利剑"，再加上"互联网+"、大数据的手段助力，整合各类信用信息，建立风险预判预警机制，及早发现防范苗头性风险，为构建新型农产品质量安全监管格局奠定法治基础。

（二）贯彻落实新时期农产品质量安全发展新理念

2015年以来，我国主要农产品例行监测合格率连续多年在97%以上，但约2%的"难啃的硬骨头"也始终存在，要在农产品质量安全水平上有所突破，关键还是要转变监管理念。传统监管的监督抽查、风险监测是重要支撑，但是抽检样品数量增加再多，也只是在被动地验证终端产品，近年来农业农村部门持续开展专项整治，但大多还是针对违法违规的结果，点对点地进行消除。面对"十四五"的新要求，农产品质量安全信用将成为新的监管理念，通过承诺合格和主体立信，从产品监管转向主体监管；通过信用监测、评价结果分类分级和信用风险预警，从被动监管转向主动监管；通过信用评价、守信激励和失信惩戒，从结果监管转向行为监管，最终以信用为核心，从以往针对当前发现问题的点状监管转变为围绕立信意愿、守信能力、诚信情况的全面监管新格局。

（三）重塑农产品质量安全监管工作新机制

自"无公害食品行动计划"开始的20多年来，我国农产品质量安全监管机制逐步健全，监管、检测、标准、风险评估等体系基本建立，农产品质量安全水平稳中向好，但传统监管机制也存在主体责任落实不到位、基层监管力量薄弱、执法震慑力和实效性不足等问题。近年来，国务院持续深化"放管服"改革，要求建立衔接事前、事中、事后全监管环节的新型监管机制。加强信用监管，是"放管服"改革的重要内容,将过去监测、抽检、溯源、处罚的监管机制转变为围绕生产经营主体信用,开展立信、评信、示信和用信。强化事前信用监管,抓好合格承诺,主体责任落实将更加有力;完善事中信用监管,开展分级分类监管,监管工作将更加精准;创新事后信用监管,实施守信激励和联合惩戒,社会监督和执法办案将更加有效。

(四)升级农产品质量安全监管工作新手段

党的十九届五中全会,明确了基本实现国家治理体系和治理能力现代化的远景目标,基层农产品质量安全监管工作中"巡查检查靠骑车、安全把关靠眼观、信息上报靠手填"的现状急需改变。信用监管作为提升现代化治理能力和治理水平的重要抓手,一方面将切实推动农产品质量安全信息化监管平台和服务的全面优化升级,集成主体信息、生产信息、监管执法信息、产业信息、社会舆情等底层数据,将之转化为具有综合性、科学性、指导性的信用评价结果,并进一步应用到生产指导、监管执法、农业服务等各项领域;另一方面将作为抓总抓统的工作,依托信息化管理,推动达标合格证、网格化管理、农产品追溯、监督抽查、巡查检查等各项工作的协同与衔接,实现实时化、动态化、智慧化、可视化管理,全面提升农产品质量安全监管效能。

二、农产品质量安全信用体系建设基本思路

纵观农业农村发展的不同阶段,农产品质量安全管理也历经 20 年转型升级,监管机制逐步健全,标准、检测、风险评估、认证和监管等体系基本建立,农产品质量安全水平稳中有升,但传统监管模式也存在主体责任落实不到位、基层监管力量薄弱、执法震慑力和实效性不足等问题。面对主体多样化、利益多元化、社会信息化的复杂形势,传统管理

手段已难以从根本上解决诚信缺失问题。"十四五"期间，农产品质量安全还将面临诸多新挑战，亟须贯彻新理念、重塑新机制、升级新手段，建立健全农产品质量安全信用体系不仅是"放管服"改革的重要内容，也是提升现代化治理能力和治理水平的重要抓手。

（一）构建信用监管模式

农产品质量安全信用监管模式是信用体系建设与行政管理体制改革相结合的产物，是顺应数字经济发展需要，充分运用大数据等现代信息技术进行的监管创新。主要是以现代社会治理理论和信用管理理论为指导，以法律法规标准规范为依据，以信用信息数据为基础，以数字技术为支撑，以守信激励、增信赋能和失信惩戒机制为核心，以信息共享、分级分类和精准智能监管为手段。它的核心作用在于根据不同类型主体信用状况实施差异化监管，将有限的监管资源价值最大化，实现对守信者"无事不扰"，对失信者"利剑高悬"，从而提高监管效率，构建更加有效的社会共治格局，营造诚实守信的良好社会氛围。在信息高度透明的互联网时代，基于大数据技术的农产品质量安全信用监管模式将是未来政府监管的重要趋势。

（二）推行守信激励机制

当前，新型农业经营主体和服务主体呈快速发展之势，截至2018年年底，全国依法登记的农民合作社达到217.3万家，家庭农场达到近60万家，从事农业生产托管的社会化服务组织数量达到37万个。各类新型农业经营主体和服务主体快速发展，总量超过300万家。❶新型农业经营主体和服务主体对市场反应灵敏，能够根据市场需求组织农产品标准化、

---

❶《农业农村部关于印发〈新型农业经营主体和服务主体高质量发展规划（2020—2022年）〉的通知》。

品牌化生产，加强质量安全管控，注重产销对接等，持续发挥引领带动作用，成为乡村振兴和产业兴旺的重要推动力量。因此，要优先建立新型农业经营主体守信激励机制，对农产品质量安全信用等级较高的主体，给予资金奖补或项目支持。在农产品展示展销、品牌和奖项参评方面，可以优先推荐；在金融信贷方面，可以享受提高贷款额度、降低贷款利率和缩短审批放款时间等优惠，进一步提高信用主体的积极性，引导主体做到守法履责、主动担当、带动守信。例如，浙江湖州把新型农业经营主体信用与扶持补贴、评优评先、试点示范、创建认定、品牌推选工作"五挂钩"。对农产品质量安全信用等级评价达到A、B级的生产主体，每个评价周期分别给予5万元、3万元奖励，并适当降低抽检比例和巡查检查频次。

（三）创新增信赋能机制

我国农业长期以"大国小农"的形式存续并发展。据有关数据统计，我国有2.6亿多农户，占农业经营主体总量的98%，户均经营规模为7.8亩，总经营耕地面积占全国的70%。❶ 未来小农户生产仍将是我国农业的主要经营方式与农业发展的重要组织资源。将小农户引入现代农业的发展轨道，进一步激发小农户生产经营的积极性、主动性、创造性，使小农户成为发展现代农业的积极力量与有效参与者，也是新时代我国农业现代化的发展方向。因此，针对小农户要创新增信赋能机制，政府部门加强对农户的指导帮扶，开通农户通过增信为生产赋能、为产品增值的新渠道，引导小农户建立守信增信的发展目标。同时，鼓励小农户通过行业协会和保险机构，完善信用信息，增强融资能力，"抱团"突破发展瓶颈。例如，上海浦东新区为守信主体配套"农产品质量责任

---

❶ 国家统计局：第三次全国农业普查主要数据公报。

保险"，提供安心保障，这些都激励了主体主动响应政策要求，持续加强自我管控。例如，浙江象山县政府与中国人保（PICC）合作推广"农产品质量安全责任保险"，农产品质量安全信用 B 级以上的 173 个红美人柑橘农户投保"农产品质量安全责任保险"，财政补助 50% 保费，累计责任保额 8650 万元，为诚信农户保驾护航。

（四）建立失信惩戒机制

守信增信是农产品质量安全的保障，而不合格产品的背后，主要原因是主体违法违规等失信行为。近年来，风险监测和评估发现农兽药残留超标问题，如种植业检出禁用药物甲拌磷、克百威、毒死蜱等，常规用药灭蝇胺、腐霉利、甲维盐、吡唑醚菌酯等超标，养殖业牛羊肉中检出"瘦肉精"，鸡蛋中检出产蛋期不得使用药物氟苯尼考、恩诺沙星、环丙沙星等，水产品检出孔雀石绿、硝基呋喃类药物等；负面舆情还时有发生，如海参养殖使用敌敌畏、柑橘泡药等，这些问题屡禁不止，根本原因是主体失信成本低，缺少有效的惩戒手段。虽然此次农产品质量安全法修订加大了处罚力度，加入行政拘留等严惩措施，但执法实践中仍存在依法处罚难、震慑力不足等现实困境，亟须建立健全失信联合惩戒机制，在现有行政处罚措施的基础上，加大对失信主体的惩戒力度，逐步将信用状况纳入各类准入门槛；对失信主体实行重点监管，提高监管力度和频次；对严重失信主体，依法严惩、公开曝光，形成强大舆论压力。

三、推进农产品质量安全信用体系建设创新举措

习近平总书记指出："人而无信，则不知其可；企业无信，则难求

发展；社会无信，则人人自危；政府无信，则权威不立。"要以推进乡村振兴为契机，遵循农业发展规律和时代要求，顺势而为，着力破解农业生产主体散、产业链条长、风险隐患多、治理能力弱等制约难题，统筹推进农产品质量安全信用体系建设，努力开创农产品质量安全管理新格局。

（一）找准发展定位

信用体系的建立和完善是我国社会主义市场经济不断走向成熟的重要标志之一。当前社会信用体系建设工作步入了快车道，发展条件和环境正在发生深刻变化，呈现出由重点建设转向建设与应用并重、扩面求广转向点面结合、精准规范的基本特征。农业农村部门要在农产品质量安全信用体系建设方面发挥引导和表率作用。按照国务院办公厅《关于加快推进社会信用体系建设构建以信用为基础的新型监管机制的指导意见》《关于进一步完善失信约束制度构建诚信建设长效机制的指导意见》等文件要求，进一步创新农产品质量安全信用监管机制，提升农产品质量安全治理能力和水平。因此，农产品质量安全监管积极从产品监管转向主体监管，再过渡到信用监管。加快健全农业生产经营主体信用档案，持续完善农安信用信息归集和共享机制，对农产品生产经营主体信用状况常态化开展监测评价行动，实现农安信用分类分级监管，"农安信用+"系列应用全面推广，打造多产业的农安信用示范，农产品生产经营主体诚信意识显著提高，让守信者"降成本、减压力"，让失信者"付代价、增压力"。

（二）做好顶层设计

《社会信用体系建设规划纲要（2014—2020年）》是社会信用体系

建设纲领性的指导文件，是顶层设计的结果，也为农产品质量安全信用体系建设指明了方向。近几年，各地创新探索农产品质量安全信用体系建设，取得了显著成效，并纳入《农产品质量安全法》中。但是在管理制度、技术标准、信息平台和结果应用等方面还缺乏顶层设计，必须统一规范。农产品质量安全信用体系建设是一个多部门联动的系统工程，涉及面广、协调难度大、工作任务重，设立专门负责农产品质量安全信用体系建设工作的管理机构和工作机构显得非常有必要，更有利于充分谋划推进工作。此外，加快出台农产品质量安全信用管理配套办法，使信用信息采集、归集、交换和共享，以及信息安全等有法可依；编制农产品质量安全信用标准体系，综合考虑信用信息应用的需求和采集的可操作性，出台统一的建设标准和信息归集目录；建设信用基础数据库，为各级农业农村部门基于信用信息开展主体监管提供公共基础数据服务，支持政务部门间开展共享交换和协同互通。

（三）重塑制度体系

经过多年的实践探索，农产品质量安全监管制度不断健全完善，基本建立了以风险监测、评估预警、巡查执法和应急处置为重要手段的制度体系。但由于我国农产品的生产、收购及上市销售缺乏许可备案，监管只能跟着产品跑，风险监测和监督抽检发现问题，也无法溯源和责任追究。根据贯穿事前、事中、事后全生命周期的信用监管框架，亟待建立主体信用承诺制度，引导市场主体主动作出综合信用承诺，食用农产品合格证就是生产经营主体的质量安全承诺；建立信用信息归集和评价制度，明确信用信息归集途径，强化信用信息应用和共享；建立信用监测制度，及时掌握地区和行业信用状况和水平；建立信用信息公示制度，促进主体诚信自律，强化信用约束；建立信用修复制度，依法依规解除失信联合惩戒，缩短或结束失信信息公示五项核心制度。

（四）建立农安信用平台

信用工作需要依托信息化的管理平台，才能更加有效地开展。早在2015年，国家发展和改革委员会就启动了国家共享交换平台先导工程建设，建立了全国统一的信用信息共享交换平台，同步开通了"信用中国"网站。并组织全国各级信用信息共享平台和信用门户网站建设观摩活动，评选出一批示范性平台网站、标准化平台网站、特色性平台网站，极大地提高了各地共享平台和信用网站相关人员的工作能力，提升了全国各地共享平台和门户网站的建设水平，形成了一批可复制、可推广的经验。农产品质量安全信用工作的推进，也势必离不开信息化平台作为基础，社会信用中的平台建设既是经验借鉴，其建设的公共信用平台也可在农产品质量安全信用工作中用起来。建立全国农产品质量安全信用管理与服务平台，推动其与质量安全监管业务管理系统深度融合，加强部门间数据共享，规范信用记录和档案管理，实现行业信用信息自动归集、信用等级自动评价、监管措施自动匹配。全面对接全国信用信息共享平台和各省市农产品质量安全信用信息共享平台。

（五）创设发展政策

推进农产品质量安全信用体系建设，必须调动各级政府和全社会的力量，形成合力，营造诚实、自律、守信、互信的信用环境。首先，要创设政策调动各级政府的积极性，充分发挥政府的组织、引导和示范作用，做好规划的制定实施、法规标准的制定完善、信用服务市场的培育监管。选择典型地区开展信用建设示范，政府带头在行政管理事项中积极推行信用记录和信用产品的应用。其次，要创设政策激励生产经营主体守法经营，对诚信守法的生产经营主体实行项目优先、政策倾斜、审批优先、评先评优等奖励激励措施，对其在信贷申请、政策咨询、技术服务等方面提供帮助。支持和鼓励有实力、信誉好、讲诚信的名优农资企业、农资服务合作社直接到乡村设立经营网点，提高其市场占有率。树立诚实守信的先进典型，提高其社会声誉，形成品牌效应。最后，要创设政策引导社会力量参与，注重发挥市场机制作用，加大政策支持力度，促进信用服务机构设立和信用服务业发展，发动行业组织、新闻媒体等社会力量广泛参与，实现资源优化配置，形成农产品质量安全信用体系建设的强大合力。

（六）推动农产品质量安全信用体系试点示范

开展试点示范是推进农产品质量安全信用监管工作的有效措施。通过在部分省市遴选一批农产品质量安全信用监管创新试点先行区，构建以信用为基础的新型监管机制，培育一批信用城市、守信主体。鼓励各县（市、区）、市直各部门先行先试，推行农产品质量安全信用分级分类监管，明确不同信用风险等级对应的监管措施和要求；重点是在农产品质量安全信用助力产业发展，推动区域公用品牌建设等方面开展实践探索，及时总结推广典型做法和成功经验。激发行政部门、农产品生产经营主体、社会机构等各方参与信用建设的主动性和创造力，提升农产品质量安全水平，助推农业产业高质量发展。

（七）推进农安诚信文化建设

构建诚信社会，是信用体系建设的工作目标，在农产品质量安全信用工作中应重视诚信文化的宣传与建设。组织开展农产品质量安全信用管理政策解读，充分发挥新型媒体、行业协会、信用服务机构和专家学者的作用，强化农产品质量安全信用管理队伍能力建设。积极开展农产品质量安全信用"主题日""中国行"等宣传教育活动，树立生产主体守信先进典型，大力普及诚信理念和安全意识，倡导守规行为，建设"农安信用乡镇""农安信用行业"等区域诚信示范标杆，开展地区、行业农安信用状况排名，使诚实守信成为农产品生产经营主体的内在追求和行为习惯，逐步构建人人知信、人人守信、人人用信的社会诚信新格局。

第五章

农产品质量安全信用监管创新先行区建设

◆ **本章导读**

开展试点示范市是推进工作的有效措施。农产品质量安全信用监管创新先行区建设是落实农产品质量安全法新要求的重要工作,是提升农产品质量安全现代化治理水平,赋能农业产业高质量发展的有力抓手。本章重点介绍农产品质量安全信用监管创新先行区建设的背景、申报流程、建设任务和推进举措等内容。

第五章 农产品质量安全信用监管创新先行区建设

推行信用监管，是提升现代化治理能力和治理水平的有效途径，是用质量安全赋能农业产业高质量发展的重要手段。农产品质量安全信用监管是依托信息化管理，将风险监测、监督抽查、巡查监管、追溯管理、承诺达标合格证开具的信息进行有效整合，可以让监管更加智慧、更加高效、更加精准。农产品质量安全信用监管创新先行区建设是落实《农产品质量安全法》新要求的重要工作，是提升农产品质量安全现代化治理水平，赋能农业产业高质量发展的有力抓手。本部分重点介绍农产品质量安全信用监管创新先行区建设的背景、申报流程、建设任务和推进举措等内容。

一、农产品质量安全信用监管创新先行区建设的背景

（一）农产品质量安全信用监管纳入"十四五"规划农产品质量安全提升规划的发展目标和任务

一直以来农业农村部对农产品质量安全信用体系高度重视。"十三五"期间，按照"边研究、边试点、边推动"的思路，组织农业农村部农产品质量标准研究中心等有关单位不断加强理论研究和试点探索，取

得了积极成效。进入"十四五"时期之后,农产品质量安全信用监管被纳入《"十四五"全国农产品质量安全提升规划》的发展目标中,明确力争到"十四五"末,主要农产品监测合格率稳定在98%以上。农兽药残留标准达到1.3万项,以"安全、绿色、优质、营养"为梯次的高质量发展标准体系基本形成,绿色、有机、地理标志等农产品认证登记数量稳步增长,合格证制度在新型农业经营主体之中基本实现全覆盖。智慧化监管网络初步构建,农产品追溯体系稳步推进,以信用为基础的新型监管机制建立健全。因此,农产品质量安全信用监管也贯穿"十四五"农产品质量安全发展。

(二)《农产品质量安全法》明确农产品质量安全信用体系建设规定

《农产品质量安全法》明确了农产品质量安全信用体系建设的法律地位,第五十四条明确规定:"县级以上人民政府农业农村等部门应当加强农产品质量安全信用体系建设,建立农产品生产经营者信用记录,记载行政处罚等信息,推进农产品质量安全信用信息的应用和管理。"目前在农产品质量安全执法监管中仅仅是罚款也不能解决根本问题,有的违法比较轻微,但是风险点很多,单单依靠罚款并不能震慑违法主体。因此,农产品质量安全监管需要创新来推动信用监管,重大违法行为除了罚款外,还要进行信用联合惩戒,让失信者寸步难行。贯彻落实法律要求,需要推动建立以农产品生产经营主体信用为基础的监管机制,将推动农产品生产经营主体从外控式守法转向为内生式守法,提升农产品生产经营主体的守信意识。

（三）农产品质量安全监管工作要点对推进农产品质量安全信用监管有明确要求

农业农村部农产品质量安全监管司自2016年起，连续多年将推进农产品质量安全信用体系建设作为每年工作要点。2024年发布的农产品质量安全工作要点中，明确规定要拓宽信用监管场景，梳理并汇总各地农产品质量安全信用监管创新模式，发布一批典型案例；拓展信用监管联动实施场景，组织地方以重点品种治理为切入点；完善生产主体信用档案，依据信用动态评价结果和风险等级实施差异化监管，对信用等级较低、风险等级较高的生产主体加大抽检力度，提高质量安全监管效能。聚焦韭菜、芹菜、豇豆等12个重点问题农产品，要求实施精准治理，推动产地分类准出管理。

（四）基层农产品质量安全监管工作缺少抓手，亟须升级监管方式和监管手段

近年来，在国家农产品质量安全县的推动下，以点带面地推动地方建立责任明晰、监管有力、执法严格、运转高效的农产品质量安全体系，对于保障食品安全、加快转变农业发展方式、推进现代农业发展等方面起到很大作用。随着国家农产品质量安全县创建工作的暂停，基层反馈农产品质量安全工作缺少抓手，监管方面的项目经费也不同程度受到了影响，亟须探索符合实情、富有成效的新举措和新模式，着重构建符合我国农业产业实际发展的质量安全监管制度机制。随着农户纳入《农产品质量安全法》的调整范围，传统监管已然不能适应监管形势需求，需要创新信用监管手段，集成主体信息、生产信息、监管执法信息、产业信息、社会舆情等信息，进而推动承诺达标合格证、网格化管理、农

品追溯、监督抽查、巡查检查等各项工作的协同与衔接，实现实时化、动态化、智慧化、可视化管理，全面提升农产品质量安全监管效能。

二、先行区在各行业领域内实践探索

农产品质量安全信用监管创新先行区的建设思路最早来源于"先行区"。先行区从字面上来看是先行先试的区域。"先行"是国家发展长期实践积累的宝贵经验，特别是面对复杂问题，从局部着手，从区域起步，先行先试，探索经验，逐步推广，是新时代全面深化改革、推进国家治理体系和治理能力现代化的重要途径。目前以"先行区"推动探索的区域主要有中国特色社会主义先行示范区、美丽中国先行区、构建新发展格局先行区、北京数据基础制度先行区、国际医疗旅游先行区、济淄同城化科创大走廊先行区建设等。

（一）中国特色社会主义先行示范区

2020年，中共中央办公厅、国务院办公厅印发了《深圳建设中国特色社会主义先行示范区综合改革试点实施方案（2020—2025年）》，以设立经济特区40周年为契机，在中央改革顶层设计和战略部署下，支持深圳实施综合授权改革试点，这是新时代推动深圳改革开放再出发的又一重大举措，是建设中国特色社会主义先行示范区的关键一招，也是创新改革方式方法的全新探索。

（二）美丽中国先行区

2023年，中共中央、国务院印发的《关于全面推进美丽中国建设的意见》提出，打造美丽中国建设示范样板，建设美丽中国先行区。聚焦区域协调发展战略和区域重大战略，加强绿色发展协作，打造绿色发展高地。完善京津冀地区生态环境协同保护机制，加快建设生态环境修复改善示范区，推动雄安新区建设成为绿色发展城市典范。在深入实施长江经济带发展战略中坚持共抓大保护，建设人与自然和谐共生的绿色发展示范带。深化粤港澳大湾区生态环境领域规则衔接、机制对接，共建国际一流美丽湾区。深化长三角地区共保联治和一体化制度创新，高水平建设美丽长三角。坚持以水定城、以水定地、以水定人、以水定产，建设黄河流域生态保护和高质量发展先行区。深化国家生态文明试验区建设。各地区立足区域功能定位，发挥自身特色，谱写美丽中国建设省域篇章。

美丽中国先行区是中国式现代化先行区的有机组成部分，其核心要义是美丽，关键特征是先行，工作目标是打造美丽中国全域建设的示范样本，探索出可复制、可借鉴、可推广的经验模式，是系统推进美丽河湖、美丽海湾、美丽山川等实践的集成创新和综合示范。

（三）北京数据基础制度先行区

北京数据基础制度先行区是指在全市特定区域，按照适应数据要素和数字经济特征的新型监管方式建立先行先试机制、建设数据基础制度综合改革试验田和数据要素集聚区。2023年11月10日，《北京数据基础制度先行区创建方案》正式对外公布。根据该方案，北京市将打造"2+5+N"的数据先行区基础架构。其中，"2"是数据先行区基础设施层，包含智能算力基础设施和国家区块链网络枢纽；"5"是数据先行区业务中台层，包含数据资产登记平台、数据资产评估平台、数据资产托管平台、数据交易节点、数字资产管理平台；"N"是数据应用层，即金融数据、政务数据、"三医"数据、自动驾驶数据、航运贸易数据、文旅数据等数据专区与应用。北京市将依托数据基础制度先行区，集中试点示范落地国家和本市相关政策措施，开展重大数据基础设施建设，促进重点行业数据汇聚和应用示范，推进数据资产价值合规高效实现，助力数据要素产业生态聚集，构建更加包容审慎的监管环境。

（四）海南博鳌乐城国际医疗旅游先行区

海南博鳌乐城国际医疗旅游先行区是国内唯一一个开展真实世界数据应用试点的地区。是海南省为国家药品医疗器械审评审批制度改革及提升全球创新产品在我国临床使用的可及性提供的新途径、新方式。2024年12月5日，海南省人大常委会公布《海南自由贸易港博鳌乐城国际医疗旅游先行区生物医学新技术促进规定》，主要围绕促进生物医学新技术产业发展、强化生物医学新技术相关要素保障、支持创新开展生物医学新技术转化应用、完善生物医学新技术监管服务措施四个方面展开。

（五）济淄同城化科创大走廊先行区建设

为推动济淄同城化进程，在省会经济圈一体化发展中率先突破，淄博市决定规划建设济淄同城化科创大走廊先行区。2022年，《淄博市人民政府关于加快推动济淄同城化科创大走廊先行区建设的意见》出台，该意见提出"推动济淄同城化进程，在省会经济圈一体化发展中率先突破"，集中发力点是基础设施、产业、科技三个方面。基础设施方面，构建现代基础设施网络和综合交通网络；产业方面，集中打造济淄同城化科创智造板块淄博主阵地；科技方面，全面对接齐鲁科创大走廊，打造"一高地、两引擎"，包括引进中国科学院等高端科研院所布局分支机构等。

综上，这些先行区的共同特点是在特定的领域或方面进行先行先试，探索新路，为其他地区提供经验和示范。2024年农业农村部门聚焦的重点是农产品质量安全攻坚治理，农产品质量安全政策法规创新团队在广东汕头、浙江湖州、江苏扬州等地组织召开农产品质量安全信用体系建设研讨会，研讨水产品养殖密度规范与信用分级管理，谋划"十五五"农产品质量安全信用体系建设发展规划等。借鉴各行业先行区建设的实践经验，农产品质量安全政策法规创新团队在前期调研座谈的基础上，提出"农产品质量安全信用监管创新先行区"，在部分地区率先开展农产品质量安全信用监管创新先行区建设研究试点，探索建立产地准出差异化管理和信用分级公示等制度，推动农产品质量安全智慧监管优化升级，逐步健全完善以信用为基础的新型监管机制。

三、农产品质量安全信用监管创新先行区的遴选流程

农产品质量安全信用监管创新先行区建设通过地方先期开展试点，探索有效的模式机制，引领带动其他地方强化农产品质量安全信用体系建设工作，点面结合，以点带面，逐步推开，强化农产品质量安全监管的重要措施，提高农业生产经营主体的责任意识、诚信意识和自律意识，提升农产品质量安全监管效能。为更好地推进农产品质量安全信用体系建设，按照先易后难的思路，将筛选部分条件具备、积极性高的地区和主体先行先试，指导地方打造示范引领样板。由农业农村部农产品质量标准研究中心研究团队开展农产品质量安全信用监管创新先行区和示范基地创建。

（一）农产品质量安全信用监管创新先行区的试点建设条件

农产品质量安全信用监管创新先行区遴选主要有主导产业特色优势明显、农产品质量安全监管基础良好、农产品质量安全信息化管理成效突出三个方面的要求。

1. 主导产业特色优势明显

农产品质量安全是食品安全的源头，也是农业产业发展的前提和基础。近年来，随着我国国民经济的持续发展，特色产业也取得长足进步，涌现出一大批驰名中外的特色农产品品牌，为相关农村地区带来了巨大经济效益。推进农产品质量安全信用监管创新先行区建设是为了突出重点领域、重点环节和重点行为，集中力量，推动农产品质量安全信用体系建设的快速发展。因此，试点单位的辖区内需要有优势主导产业和特色产业，在本省区乃至全国具有较强的竞争优势。另外，主导产业集中度高、上下游连接紧密，产业间关联度强。主导产业在种植养殖规模化、加工集群化、科技集成化、营销品牌化等方面取得显著成效。例如，江西上犹茶叶产业是上犹的首位产业，全县茶园面积11.05万亩，产量2786吨以上。"上犹绿茶"获得地理标志认证，"上犹高山茶"获得全国名特优新农产品区域公用品牌，茶叶已成为上犹一大"名片"。全县共有茶叶企业154家，茶叶专业合作社27家，其中基地面积在1000亩以上的规模茶企有11家，获得绿色有机认证的企业有62家。又如，广东省广州市增城区注重品种培优，突出文化底蕴，凸显品牌特色，2022年"增城荔枝"入列首批国家农业品牌精品培育计划，"仙进奉荔枝"作为全国唯一荔枝类品种入选2023年农业主导品种。2022年"增科新选丝苗1号"获植物新品种权。打造3个优势特色产业集群，打造仙村仙进奉荔枝、小楼迟菜心、正果荔枝、正果老街等农业产业强镇。2023年增城区现代农业产业园入选国家现代农业产业园创建名单，同时成功创建了增城迟菜心、幸福田园蔬菜、仙进奉荔枝、增城丝苗米、特色水果5个省级现代农业产业园。

2. 农产品质量安全监管基础良好

推进农产品质量安全信用监管创新先行区建设是为了充分发挥基层及各行业协会的首创精神，鼓励和支持探索创新推进信用体系建设的有效措施和模式，不断总结推广，加快我国农产品质量安全信用体系建设步伐。因此，试点单位在农产品质量安全监管方面需要具备良好的基础条件。例如，有明确的部门负责农产品质量安全监管、综合执法、检验检测等工作。基层农产品质量安全网格化管理体系健全完善，农业行政执法、食品安全监督执法与刑事司法能有效衔接。例如，桦川县坚持"以检测助监管、以监管保安全"的服务理念，发挥好技术支撑作用，全面提升农产品质量安全监管能力，农检能力全市领跑。成功创建农业农村部稻米及加工品质量与营养检验测试中心（桦川），成为全国首家也是唯一一家县属部级农产品质量检测中心。县质检中心通过CMA和CATL"双认证"，认证项目达953项。聚焦构建"南杭州、北桦川"的部级稻米质检中心服务格局，持续扩大检测服务面，承担农业农村部专项抽检任务和省农产品质量安全例行监测任务。严格执行承诺达标合格证制度，对销售的农产品开展自检或委托检测，落实上市前规范化开具合格证，以确保应开尽开。

3. 农产品质量安全信息化管理成效突出

农产品质量安全信息化管理的平台是推进农产品质量安全信用体系建设的重点，使信用信息有效归集、共享、应用，促进行政管理信息透明度和社会公开，解决信用信息资源互联互通、资源共享的基本条件，也是促进农产品生产经营主体不断提升农产品质量安全水平的基础保障。信用监管工作需要依托信息化的管理平台,才能更加有效开展。因此,试点单位有信息化管理的平台和系统,监管对象和监管人员入网建档,对已有信息化平台实施数据对接,具备开展农产品质量安全信用信息自动归集、信用等级自动评价、监管措施自动匹配等基础条件。例如,山东省安丘市创新搭建"智慧核芯",实现农产品质量安全数字化追溯全覆盖。创新建立覆盖全域的"农安大数据库"研发农产品质量安全数字化监管平台,汇集全市农产品基础数据1400多万条,绘制形成"电子地图",实现实时、精准、高效数字化监管。创新推进全流程追溯管理。开发"农安宝App",以食用农产品"电子安全码"为载体,汇聚承诺达标合格、入市检测结果等信息,生成食用农产品实名账户13万个,构建起了"从土壤到餐桌"全链条可追溯体系。杭州市开发了数智农安一体化评信系统,将全市3300多家规模主体全部纳入"杭州数智农安"平台,建立信用算法算力模型,与浙江省农业农村厅、浙江省杭州市信用办、金融机构等多跨协同,实行自动运行、自动评价、自动预警、自动推送,形成生产主体A、B、C、D、E五个信用等级。并把农产品质量安全信用等级作为重要内容,与生产主体评先评优、扶持政策享受等挂钩,倒逼主体自觉强化农产品质量安全第一责任,加强自我管控。

4. 探索农产品质量安全信用相关制度政策的积极性

农产品质量安全信用监管创新先行区建设单位需要把农产品质量安全信用体系建设作为重要内容,积极探索有效的推进模式。例如,聚焦重点领域和关键环节,健全农产品质量安全信息在归集、评价、应用、修复、守信激励和失信惩戒等环节方面的相关制度。另外,根据农产品质量安全信用评价等级结果,在项目申报、金融信贷、执法监管等方面制定相关的激励政策,如联合金融机构开发具有地域特色的"农信贷"

"农信保"等服务。例如，江苏省仪征市为做好"探索构建农产品质量安全监管信用体系"改革试点工作，切实保障各项工作的有效开展，确保资金专款专用，在仪征市第四轮省农村改革试验区试点工作领导小组的统一领导下，决定成立"探索构建农产品质量安全监管信用体系"改革试点工作实施监督和资金使用保障小组，邀请省、市行业专家对信用评价体系进行论证验证，形成《仪征市农产品质量信用管理办法（试行）》。赣州市依托江西省农产品质量安全大数据智慧监管平台，建立以风险等级评定为依据的信用评价机制，并实施分级分类监管。按照抽检合格率、巡查满意率、追溯达标率"三个维度"，对入网监管对象进行年度风险等级（即信用等级）评定，风险等级分为A、B、C三级，分别对应较低、一般、较高风险等级。评为A级的，为信用优良的企业；B级的，为信用一般的企业；C级的，为信用较差的企业。依据信用等级情况，实施差异化监管。

（二）农产品质量安全信用监管创新先行区申报流程

1. 主体申报，省厅推荐

试点单位填写《农产品质量安全信用监管创新先行区申报表》，主要包括农业主导产业发展情况、相关农产品生产经营主体状况，农产品质量安全监管情况等，并提供相关的佐证材料，由省级部门推荐。

2. 专家评审，确认认定

农业农村部农产品质量标准研究中心研究团队组织对各省份推荐的农产品质量安全信用监管创新先行区进行线上评审，符合条件的，参加专家评审会，然后根据专家评审结果，公布农产品质量安全信用监管创新先行区试点建设的名单。试点建设实施期为1年，期满后，将根据实施单位的建设情况开展星级评定。

3. 组织实施，技术指导

根据各试点单位在开展农产品质量安全信用监管先行区创建过程中的实际需求，组织对授牌农产品质量安全信用监管创新先行区进行专项培训，强化农产品质量安全信用监管理论基础。结合各试点建设单位的需求，在农产品质量安全信息化监管平台的优化升级和数据对接方面提供技术方面的支撑保障。同时，农产品质量安全政策法规创新团队根据试点实施单位的不同产业特点，在农产品生产主体信用评价指标设定等方面给予指导服务。

四、农产品质量安全信用监管创新先行区的建设任务

开展农产品质量安全信用监管创新先行区建设的主要任务包括发文部署、遴选示范主体、优化升级平台、拓宽农安信用+场景应用、制定守信主体激励政策、强化宣传推广等。

（一）高起点规划，做好动员部署

开展农产品质量安全信用监管创新先行区建设的实施单位，要强化组织领导，完善制度措施，成立本地区的农产品质量安全信用监管创新先行区试点建设推进工作小组，及时研究有关重点任务，指导、协调、推进本地区农产品质量安全信用监管工作，督促各项建设任务落实到位。

1. 制订实施方案

农产品质量安全信用监管创新先行区建设单位，需要印发《农产品质量安全信用监管创新先行区实施方案》，明确工作目标和主导产业，细化建设任务，作出周密安排，确保任务落实到位，主要包括以下任务。

(1) 优化升级农产品质量安全信息化管理平台。

在原有农产品质量安全信息化管理平台的基础上，进行优化升级，增加农产品质量安全信用模块，能够及时传送农产品质量安全信用信息，可以实现信用信息归集共享，以及实现信用记录电子化存储；另外，推进行业间信用信息互联互通，提高主体信用信息的透明度。

(2) 健全完善农产品生产主体信用信息。

健全完善主体信用档案是基础性、关键性工作。主体信用档案需要完整记录生产经营主体的名称、社会信用代码、经营范围等基础信息，行政许可与行政处罚信息，认证或登记信息，监督检查信息和奖励信息等。农产品生产经营主体档案信息还应包含农业投入品的使用情况，动物疫病、植物病虫草害发生和防治情况，承诺达标合格证开具等质量安全管理信息。各地可结合实际，增加信用信息，充实主体信用档案。依托农产品质量安全信息化管理平台，及时更新相关信息，实现信用档案的动态管理。要认真执行《全国公共信用信息基础目录（2024年版）》规定，及时归集"行政强制、行政奖励、行政确认、行政裁决、行政监督检查"五类行政管理信息。鼓励信用主体以合法、规范形式向信用平台提供自身信用信息，并承诺对自主申报信息的真实性、准确性负责。

(3) 开展农产品生产主体信用等级评价。

结合产业特点，建立科学的农产品质量安全信用评价指标体系，对农产品生产主体信用评级采取量化评分方式。例如，水产行业，聚焦养殖模式、养殖密度、质量安全检测、承诺达标合格证、监督管理等核心指标，对主体信用分级分类从高到低共分为A（100≥分值>90）、B（90≥分值>80）、C（80≥分值>70）三个等级（表5-1）。

表 5-1　水产养殖信用分级评价指标参考

评价维度	评价指标	指标说明
养殖过程管理（40分）	养殖模式（20分）	水循环和残饵粪便处理能力
	养殖密度（20分）	平均每亩养殖尾（只）数和产量
质量安全检测（35分）	检测力度（15分）	主体是否开展自我检测或委托检测
	检测频次（10分）	主体对每批次出塘（厂）产品开展抽样检测的覆盖率
	检测参数（10分）	主体开展抽样检测覆盖的药物种类和参数数量
承诺达标合格证（25分）	依法开证（15分）	主体开具使用承诺达标合格证的情况
	标识信息（10分）	主体承诺达标合格证承载信息量
监督管理情况（扣分项）	巡查检查情况	主体接受日常巡查检查及整改情况
	风险监测情况	主体接受风险监测、快速检测结果
	监督检查情况	主体接受监督检查结果

（4）建立主体信用信息公示制度。

依托地方政府部门官网或其他官方渠道，动态化公示公开农产品生产主体信用评价结果，并纳入农产品生产主体网格化公示栏公示其内容，推动在承诺达标合格证上亮明主体农产品质量安全信用信息及信用等级。

（5）推行信用分类分级监管。

依据农产品质量安全信用评分开展分级分类精准监管，采取差异化的监管措施。明确不同信用等级对应的监管措施和要求。对信用等级较好、风险较低的主体，可合理减少监管频次；对信用等级一般的主体，按常规频次监管；对信用等级不良、风险较高的主体，适当增加监管频次，依法依规实行严管和惩戒。

（6）营造诚实守信良好氛围。

把农产品质量安全信用教育与农业产业管理有机结合，不断强化对农产品生产经营企业、农民专业合作社等主体的培训教育，引导其树立企业诚信文化理念，提高管理者的诚信文化素养，形成以诚实守信为核心的质量安全文化。充分发挥报纸、广播、电视、网络等媒体的宣传引导作用，树立诚信典范，使全行业学有榜样、赶有目标。

2. 明确农产品质量安全信用监管先行区具体的机构人员

推进农产品质量安全信用体系建设是《农产品质量安全法》赋予农业农村等部门的法定职责。因此，开展农产品质量安全信用监管创新先行区建设，试点单位首先要强化组织领导，成立工作推进领导小组，明确具体的牵头部门，完善农产品质量安全信用监管相关制度措施，如《农产品质量安全信用承诺制度》《农产品生产主体信用档案制度》《农产品质量安全信用红黑名单制度》《农产品生产经营主体信用评价制度》《农产品质量安全守信激励和失信惩戒制度》《农产品生产主体信用修复制度》等，及时研究有关重大问题，明确工作步骤和各阶段性目标，指定专人负责日常沟通联络及信息数据的收集、反馈等，并保持工作的延续性，扎实推进各项工作任务落地落实。

3. 加大支持力度

积极争取本级人民政府对农产品质量安全信用体系建设的资金支持，拓宽经费来源，形成稳定的财政投入渠道，确保农产品质量安全信用监管创新先行区建设的顺利进行。

（二）抓重点推进，遴选示范主体

开展农产品质量安全信用监管创新先行区建设需要聚焦产业，优中选优，重点针对辖区内的优势主导产业，遴选基础较好的农产品生产经营主体，重点开展专题培训等工作。主要培训内容如下。

1. 农产品质量安全法律法规

解读2022年《农产品质量安全法》修订的目的意义，围绕2022年《农产品质量安全法》规定的源头治理、风险管理、全程控制等原则，培训并介绍生产经营者主体的责任、生产经营全过程管控措施等重点制度内容，全面提升农产品经营者法律知识和法律意识。

具体解读 2022 年《农产品质量安全法》对农产品生产企业、农民专业合作社、农户、从事农产品收购的单位或者个人等各类主体的法律责任，讲解农产品安全生产过程管控、科学使用投入品、农产品销售、承诺达标合格证等法律要求，以及对禁用药物从严处罚并实施拘留措施、对常规药物残留超标明确罚则等法律责任，督促农产品生产经营者主动学法、守法经营。

2. 投入品采购与科学使用知识

解读《食品安全国家标准 食品中农药最大残留限量》GB 2763—2021《食品安全国家标准 食品中兽药最大残留限量》GB 31650—2019 等最新的药物残留限量标准、禁限用农药名录、食品动物中禁止使用的药品及其他禁停用药物公告，确保农产品生产经营者掌握最新的标准及用药规定。培训农药、兽药等投入品科学选购知识，包括正规购买渠道与要求、农资隐性添加、包装标识不规范、质量不达标等假劣农资识别方法，确保农产品生产经营者了解农业投入品科学选购方法与注意事项。培训农药、兽药等投入品科学使用知识，包括农药安全间隔期、兽药休药期规定、农药兽药标签内容、农兽药科学施用时间与施用剂量、常见不规范用药问题等，确保农产品生产经营者了解农业投入品科学使用要求与注意事项。培训农产品质量安全控制基本要求，讲解生产经营主体建立质量安全责任制、明确内部质量控制人员及其职责、实施产地环境管理和质量安全管理制度、规范生产记录、严格投入品管理和科学使用、实施检测把关等要求，指导农产品生产经营者加强农产品质量安全管控。培训承诺达标合格证制度管理，解读农产品生产企业、合作社、农户、从事农产品收购的单位或者个人、农产品批发市场等主体开具、收取、查验、使用承诺达标合格证的有关要求和规范开证用证注意事项，确保生产经营者掌握承诺达标合格证的内涵与要求。

3. 农产品质量安全信用标准等相关内容

培训农产品质量安全信用体系建设，解读信用档案建立、信用评价、信用信息公示、信用分级分类监管、"农安信用+"应用、信用联合惩戒等信用监管工作机制；解读《农产品质量安全信用体系建设规范》《农产品质量安全信用评价准则》《农产品质量安全信用管理规范等相关标准》。介绍农产品质量安全信用信息录入和信息更新等，详细介绍农产品质量安全信用应用的场景和相关的激励政策等。

（三）优化升级平台，实现数据对接

农产品质量安全信息化监管平台建设是开展农产品质量安全信用监管创新先行区建设的条件支撑。建设实施单位需要在现有平台的基础上，优化平台模块，增加信用信息归集、评价、应用、展示等功能，将监管对象和监管人员入网建档，具备开展信用信息自动归集、信用等级自动评价、监管措施自动匹配等基础条件。同时，还能够在农产品质量安全信用监管创新先行区集中展示平台实现数据对接。

农产品质量安全信用管理信息系统主要由信用基础信息、信用评价模型、事前监督、事中监督、事后监督、统计分析、信用保障、评价追溯、"信用+"组成。

1. 信用基础信息

信用基础信息是信用管理体系建立的基础，应当纳入信用管理的农业主体范围：①各级农业龙头企业，绿色食品、有机食品、地理标志农产品生产主体；②各级农业农村主管部门备案、认定或项目支持的其他农产品生产企业、农民专业合作社、家庭农场等市场主体，纳入监管的种植养殖大户；③在所辖区域内从事农产品收购、储存、运输企业和营销经纪人；④在所辖区域内从事农业投入品生产经营主体。鼓励其他从事农产品生产经营的分散农户和收购储运主体，逐步纳入办法管理。

2. 信用评价模型

信用评价模型采用评分制模型，提供模型创建、编辑、删除等功能。根据需要配置评分模型提供模型基本信息创建与配置等功能，包括模型名称、评分模型包含的各项指标、指标数值、指标时间、分值标准等，用户可自行录入评分模型名称，对评分模型的各项指标进行配置。指标参数设置可对选择的指标项中，对应的评分指标参数进行配置，配置中进行指标参数最大值、最小值、对应评价分值、评分区间描述等参数内容的设置。

3. 事前监督

事前监督主要利用信用承诺，为政府监管、社会服务提供了参考依据，加强了信用承诺主体的信用影响力，提升了信用主体在商务经营、社会服务、公共宣传等方面的良好形象。信用承诺查询包括信用承诺内容、涉及领域、失信责任和有效期限等。

4. 事中监督

事中监督通过建立信用预警机制，根据业务需求制定信用预警模型（根据业务流程管理需要，进行相关预警模型制定），如对于累计一般失信造成失信等级加重的风险，系统可以进行预警参配置，系统根据预警阈值可以对平台使用人员进行信用风险预警，帮助主管部门对企业、商户的信用状况进行有效监控，预估潜在的隐藏风险。业务主管部门可以根据需要，选择是否将相关信息推送给对应信用主体，帮助企业建立起动态信用预警机制，防患于未然，协助主管部门进行有效的业务管理。

5. 事后监督

事后监督对社会法人和自然人的诚实守信信息、失信信息进行管理，共享单位之间可通过开放接口的方式进行名单数据资源共享。同时，可向公共信用信息平台进行数据对接，有效发挥对社会法人和自然人信用信息的披露作用。

6. 统计分析

统计分析行业信用分析统计展示信用主体、记录信息在各行业的分布情况，以及在时间维度下的趋势情况，包括但不限于失信记录、主体数量、记录数量、行政区域、企业规模等分析条件，统计行业分布情况、行业趋势、行业分级等内容。

7. 信用保障

信用保障旨在向企业提供信用自主申报入口，完善和扩展企业信用信息，自愿注册资质证照、市场经营、合同履约、社会公益等信用信息，并对信息真实性公开作出信用承诺，授权网站对相关信息进行整合、共享与应用。经验证的自愿注册信息可作为开展信用评价和生成信用报告的重要依据。补充政府在资金扶持、资质评定、金融服务、申报认定等方面需采集归档的企业申报信息，从而实现信用信息多维度、多领域的应用。

8. 评价追溯

评价追溯采用分布式记账方式和追踪技术，让信用评价过程由"复杂"向"有序"转变，可以避免在绩效评价过程中的弄虚作假、"做数据"和"运动战式"凑数据等行为，形成"生成性"数据，数据统计和系统使用简洁易操作，最大程度降低评价体系的复杂性，能够清晰明了地反映情况，提高真实性和有效性。"信用+"为主题的相关应用专题数据加工等支持服务，创新信用专题建设，为开展信用贷、信用批、信用保、信用享、信用惠等各类守信激励工作提供系统支撑。

（四）创新亮点打造，拓宽应用场景

农产品质量安全信用等级结果广泛应用是推动农产品质量安全信用工作的持续动力。各试点单位应结合产业发展和日常监管，研究制定"农安信用+"系列激励政策，如将农产品质量安全信用评价结果纳入农业项目申报、参评参选、认证认定、产品展示展销等基本条件中，联合金融机构开发具有地域特色的"农信贷""农信保"等服务。优先推动执法监管、品牌发展和金融信贷等信用服务场景应用，赋能产业发展。

1. 农产品质量安全信用+执法监管

信用监管的本质是要根据市场主体信用状况实施差异化的监管手段，实现对守信者"无事不扰"，对失信者"利剑高悬"，从而提高监管效率，提升社会治理能力和水平。农产品质量安全信用在执法监管方面的应用是最为常见的，将信用监管理念融入执法监管的事前、事中、事后全过程，实现推动行政执法政治效果、法律效果、社会效果的有机统一；同时引导农产品经营主体增强责任意识、自觉纠正违法行为，做到依法规范生产经营。通过运用信用工具和信用评价结果，对农产品生产经营主体采取差异化的监管措施。对信用好、风险较低的农产品生产主体，合理降低抽查比例和频次，减少对正常生产经营的影响；而对违法失信、风险较高的农产品生产主体，提高抽查比例和频次，依法依规实行严格监管，从而做到"让守信者降成本，让失信者付代价"。

例如，江西省上犹县依托省级农产品质量安全大数据平台企业风险等级A、B、C评定，加强对生产主体事前、事中、事后监管，按照风险等级评定开展分类监管，对风险等级较低的A级企业减少执法检查频次；对风险等级一般的B级企业监管不放松，加大宣传和管理；对风险等级较高的C级企业增加执法检查频次，对违法行为加大处罚力度。

《天津市农产品质量安全信用管理办法（试行）》按照市场主体信用评价结果实施分级分类监管，将信用评价结果与"双随机"抽查监管机制相结合。对于信用等级为A、B级的主体，抽检比例和巡查检查频次可以降低为原来的50%；对于信用等级C级主体，抽检比例和巡查检查频次提升为原来的100%；对于信用等级D、E级主体，抽检比例和巡查检查频次提升为原来的200%；对于被列入严重失信名单的主体，不受抽查比例和频次限制。《杭州市食用农产品生产主体信用综合监管实施办法》的通知中规定，将信用评价结果纳入"双随机"抽查监管机制。对于信用等级A、B级主体，抽检比例和巡查检查频次可以降低为原来的50%；对于信用等级C级主体，抽检比例和巡查检查频次提升为原来的100%；对于信用等级D、E级主体，抽检比例和巡查检查频次提升为原来的200%；对于失信主体，不受抽查比例和频次限制。

另外，三亚市崖州区积极推广应用海南省食用农产品质量安全智慧监管系统，以豇豆为试点探索信用监管模式，对每一个生产经营主体的豇豆二维码分别赋予红码、黄码、绿码，根据二维码溯源对豇豆生产经营主体采取分级分类监管措施。具体规则如下：红码表示被检出有使用过禁用农药，其他需要纳入红码管理的。对"红码"豇豆禁止上市交易，同时交由相关政府职能部门依据相关法律法规处理。黄码表示有一次被检出常规农药超标，激活合格证时一周内无乡镇（区或村、社区）检测记录，一次日常巡查结果为不合格，农药采购记录、农药使用记录不完整，其他需要纳入黄码管理的。对"黄码"豇豆纳入重点监控名录管理、按照"3天一次"频次进行巡查监管和抽检。绿码表示除红码、黄码认定标准以外的。对"绿码"豇豆按照常规"5~7天一次"频次进行巡查监管和抽检。

2. 农产品质量安全信用+金融信贷

"农产品质量安全信用+金融信贷"最好地诠释了"信用越好，贷款越容易"的"信用+金融"叠加效应。变"信用"为"用信",让信用数据更好地解决农产品生产主体融资难、融资贵、融资慢的问题,发挥金融"活水"精准滴灌的作用。广西壮族自治区农业农村厅加强与人民银行广西壮族自治区分行对接合作,积极推动农产品质量安全信用体系建设的"用信"工作。引导金融机构积极与企业开展对接,帮助金融机构结合广西壮族自治区农业农村厅的信用评级结果和"桂信融"平台的企业信用画像情况,更精准地评估借款风险、贷款金额、贷款利率等关键因素,为获评企业提供切实高效的金融支持,构建多层次、宽领域、细分化的金融服务体系,降低企业融资门槛和成本。引导金融机构积极参与农产品质量信用体系建设的采信、评信、用信环节,打造适应企业多样化需求的金融服务体系,推动行业信用与金融服务有机衔接,为优质、守信的农产品生产经营主体提供全方位金融支持,进一步助推产业振兴。

3. 农产品质量安全信用+项目申报

"农产品质量安全信用+项目申报"主要是通过完善信用承诺机制,施行"信易批"服务,为守信主体申报农业项目和奖补开辟"高速通道",优化诚信营商环境。将信用平台与政务审批系统互联对接,让申报主体感知到"信用体检",对守信者优先通过,对失信者自动拦截。从项目申报门槛外的主体中筛选守信者,建立信用培育主体库,长期跟踪辅导,实施定向的培植和培植淘汰制,助力达标,调动主体守信、增信的积极性。例如,杭州市农业农村局关于印发《杭州市农产品质量安全与农业农村扶持政策挂钩实施细则(试行)》的通知,将信用评价结果与现代农业产业园等重大产业发展平台项目建设、乡村振兴产业资金申报、农业农村示范创建认定、农业品牌推选、规模生产经营主体评优评奖、农业展示展销等挂钩,挂钩对象申报市级及以上扶持政策时,应当将其农产品质量安全工作方面的完成情况和完成质量作为优先享受政策的重要条件。

典型案例

杭州市农产品质量安全与农业农村扶持政策挂钩实施细则（试行）

为强化我市农产品质量安全监管，推动全市农业高质量发展，根据浙江省农业农村厅《关于印发浙江省农产品质量安全与农业农村扶持政策挂钩实施办法（试行）的通知》（浙农质发〔2020〕14号）等文件，制定本实施细则。

一、挂钩对象与内容

（一）挂钩对象：区县（市）、乡镇行政机构，行政村，农业企业、农民专业合作社、家庭农场等农业生产经营主体。

（二）挂钩内容：在组织开展现代农业产业园等重大产业发展平台项目建设、乡村振兴产业资金申报、农业农村示范创建认定、农业品牌推选、规模生产经营主体评优评奖、农业展示展销等工作中，挂钩对象申报市级及以上扶持政策时，应当将其农产品质量安全工作方面的完成情况和完成质量作为优先享受政策的重要条件。

（三）挂钩指标：农产品质量安全工作重要指标包括主体生产过程记录、农产品追溯、监测合格率、信用评价、食用农产品合格证使用、标准化程度、农产品质量安全突发事件等。

二、挂钩条件

（一）区县（市）、乡镇行政机构和行政村申报相关扶持政策的条件

1. 重要条件

（1）区域内近三年内未发生Ⅳ级及以上农产品质量安全突发事件；

（2）区域内所有食用农产品规模生产主体必须纳入市级监管平台并

实现数字化动态管理，实施食用农产品合格证主体≥90%；实行农药等农业投入品使用记录的县级以上农业专业合作社、农业龙头企业、家庭农场、国有农场四类主体≥90%；

（3）区域内上年度市级以上食用农产品监测合格率≥98%；

（4）区域内90%以上规模生产主体近一年未被列入信用综合监管重点名单。

2. 发生下列情形之一的，将予以重点审查，或依照相关规定取消其已享有的扶持政策

（1）区域内当年发生Ⅲ级及以上农产品质量安全突发事件；

（2）区域内上年度市级以上食用农产品监测合格率≤95%；

（3）区域内规模生产主体食用农产品合格证使用率<80%；

（4）区域内实行农药等农业投入品使用记录的县级以上农业专业合作社、农业龙头企业、家庭农场、国有农场四类主体占比<80%。

（二）农业生产经营主体申报相关扶持政策的条件

1. 重要条件

（1）纳入市级监管平台实现数字化监管，主要农产品实施合格证管理制度；

（2）对各级农业农村部门或委托第三方开展的农产品质量安全例行抽检或随机抽检能积极配合；

（3）建立规范的生产档案记录，按规定使用农（兽）药物，遵守安全间隔期或者休药期规定；

（4）标准化生产绩效评价为C档以上；

（5）一年内抽查未发现违规经营、使用国家明确规定的禁限（停）用药物；

（6）一年内未被列入信用监管重点名单。

2. 发生下列情形之一的，暂缓考虑相关扶持政策的申报，或依照相关规定取消其已享有的扶持政策

（1）抽检中发现违规使用或经营国家明确规定的禁限（停）用药物；

（2）生产经营的主要农产品一年内2次抽检不合格；

（3）连续两年被列入信用监管重点名单；

（4）一年内曾拒绝农产品质量安全抽检或不配合抽检的；

（5）二年以上没有被县级及以上抽检的。

三、挂钩程序

1. 明确责任

市农业农村局负责全市农产品质量安全监管与农业农村扶持政策挂钩工作的组织指导、审查和监督检查。区县（市）农业农村局负责本辖区范围内农产品质量安全监管与农业农村扶持政策挂钩工作的具体实施。

2. 主体承诺

挂钩对象在申报相关扶持政策时，应当在项目申报材料中主动说明本实施细则规定的相关情况，并承诺相关情况的真实性。

3. 公布信息

市农业农村局发布与扶持政策挂钩的市级及以上农产品质量安全抽检合格率、生产主体信用等级等相关信息；区县（市）农业农村局发布与扶持政策挂钩的本区域内相关信息，并同时上报市农业农村局。

4. 分级审核

坚持"谁立项、谁负责，谁组织、谁落实"原则，由县级立项或组织实施相关扶持政策时，县农业农村局负责审核；由市级及以上立项或组织实施相关扶持政策时，须先经县级农业农村局初审，再报市农业农村局审核。审核不通过的，不予享受扶持政策。

5. 检查监督

市农业农村局对挂钩对象享受扶持政策的情况实行抽查，发现有不符合本实施细则的情况时，应及时告知具体实施部门组织整改，并将落实挂钩政策情况纳入农产品质量安全考核工作。

各区县（市）农业农村部门要及时制定实施细则，并切实执行到位。

本细则自2020年12月15日起实施。

（五）制定守信主体激励政策

农产品质量安全信用等级结果广泛应用是推动农产品质量安全信用工作的持续动力。制定推动"农安信用+"系列扶持政策，优先在项目申报、产品认证等工作中，将主体信用情况设置为前置条件，对信用评级高的主体，采取优先办理、容缺办理、告知承诺等支持政策；在农产品展示展销、品牌和奖项参评方面，对信用评级高的主体采取政策倾斜、优先推荐等；在金融信贷方面，对信用评级高的主体，采取提高贷款额度、降低贷款利率和缩短审批放款时间等优惠措施，联合金融机构开发具有地域特色的"农信贷""农信保"等服务。鼓励联合其他行业主管部门推出更多"定制化"服务清单，提高生产经营主体立信、守信、用信的积极性。另外要不断挖掘农产品生产经营主体在守信、增信方面的典型案例，树立诚信典范，使全行业学有榜样、赶有目标。

1. 守信激励措施清单

梳理"农安信用+执法监管""农安信用+产品认证""农安信用+品牌建设""农安信用+绿色通道""农安信用+项目申报""农安信用+保险信贷"等一系列服务场景中的激励措施。

第五章　农产品质量安全信用监管创新先行区建设

> ★ **典型案例**

建德市实施农产品质量安全信用联合奖惩措施提升农产品质量安全水平的十条意见（试行）

为深入推进我市农产品质量安全监管数字化转型，强化信用监管，倡导诚信经营，形成褒扬诚信、惩戒失信的制度机制，进一步提高我市农产品质量安全水平，根据《浙江省企业信用联合奖惩实施办法（试行）》《关于加快推进信用"531X"工程构建以信用为基础的新型监管机制的实施意见》《浙江省食用农产品生产主体信用综合监管实施办法（试行）》等有关文件精神，结合我市农产品质量安全工作实际，特制定如下十条实施意见。

一、总体要求

（一）指导思想

以国家、省、杭州市有关社会信用体系和农产品质量安全信用体系即农产品生产主体信用体系（以下简称"农安信用"）建设为指导，建立科学评价体系，采用系统自动生成的客观评价方式，把农安信用等级作为综合衡量农产品生产主体农产品质量安全水平的重要指标，加大诚信行为激励、失信行为惩戒力度，引导农产品生产主体重视农安信用，提升农产品质量安全精准监管能力，通过共建共享，建立跨部门、跨领域的信用联合奖惩机制，为推进我市共同富裕和乡村振兴提供农安信用支撑。

（二）适用范围

建德行政区域内从事种养的农业企业、农民专业合作经济组织、家

109

庭农场等具有一定规模的食用农产品生产主体，按照《浙江省食用农产品生产主体信用评价体系》评定的农安信用等级适用本意见。其他规模食用农产品生产主体即小微主体，按照《建德市小微食用农产品生产主体信用评价体系》评定的农安信用等级参照执行。

二、奖惩内容

农安信用等级 C（c）级以上作为享受奖励性措施的前置条件。农安信用等级 D 级以下的或被列入严重失信名单的或被查出使用禁限用农兽药的主体作为惩戒措施的前置条件。

（三）奖励措施

1. 支持项目申报。纳入项目储备库，优先培育项目后备主体。农安信用等级 B 级以上的农产品生产主体，方可实施各类农业相关试验、试点、示范、推广等项目。

2. 加大政策保障。根据农安信用等级优先保障农产品相关奖补资金、设施农用地审批、标准地租赁等政策，可视情况优先提供专家技术服务、土壤检测分析、产品检测分析等服务保障。

3. 鼓励认定认证。申请绿色食品认定和有机农产品认证。农安信用等级为 A 级、B 级、C 级以上的农产品生产主体，可分别推荐国家级、省级、杭州市级或本市级农业龙头企业、示范性（规范化）合作社、示范性家庭农场评定。通过以上认定、认证和评定的农产品生产主体按照本市级有关政策给予相应奖励。

4. 授权公用品牌。授权使用千岛银珍、建德草莓、里叶白莲、建德西红花、建德苞茶、建德吴莱萸等 6 个农产品地理标志和公用品牌。进入建德草莓、建德苞茶、建德鸡蛋等分级包装中心，使用统一品牌包装和标识。授权使用"宜品建德"公共品牌，加入建德市电商平台。

5. 重点宣传推介。根据农安信用等级优先推荐参加中国绿色食品博览会、省农业博览会等各级农产品相关展会，优先向国内外各新闻媒体推荐宣传。农安信用等级B级以上的农产品生产主体，方可推荐作为主流媒体对外宣传的拍摄对象。

6. 参与评优评奖。农产品生产主体农安信用等级为A级、B级、C级的，可分别推荐参加国家级、省级、杭州市或本市级荣誉评选，其法定代表人可分别推荐参加国家级、省级、杭州市或本市级荣誉评选。农产品生产主体农安信用等级为A级且农产品标准化生产绩效评价为A级，方可推荐评选政府质量奖。

7. 享受金融特惠。根据农产品生产主体农安信用等级，在客观核定的授信额度和利率的基础上，鼓励各大银行出台差别化金融服务政策，对信用等级高的给予授信额度合理上浮和贷款利率合理下调。

（四）惩戒措施

8. 纳入社会信用体系。将农安信用等级、被列入严重失信名单等信息在"信用建德"网进行公布，供相关部门依法依规查用，根据需要可对其依法实施联合惩戒。公布名单的内容应包括单位名称（或自然人姓名）、统一社会信用代码（或自然人身份证号）、法定代表人、主要负责人和实际控制人的姓名及身份证号、失信事实、认定机关、发布期限等信息，公布时可隐去部分字段。

9. 纳入重点监管对象。按照农安信用等级进行分类监管，结合"双随机"抽查监管机制，采取"信用+抽检+执法+巡查"监管模式，对农产品生产主体（户）农安信用A、B级的，每两年抽检1次、执法检查1次，每年日常巡查1次；农安信用C（c）级的，每年抽检1次、执法检查1次、日常巡查2次；农安信用D、E级的，每年抽检2次、执法检查2次、日常巡查5次；对于列入严重失信名单的主体，每年抽检5次、执法检查5次、日常巡查12次。市场环节要重点加大对农安信用等级D

级以下生产主体农产品的抽检力度。

10. 政策限制和取消。对农安信用等级 E 级或被列入严重失信名单的农产品生产主体的法人代表，采取以下措施：视为不具有承担省内竞争性支农资金项目实施的一般履约能力，不认定为适格实施者；取消农业（渔业）主管部门给予的行政便利措施；限制参与农业（渔业）主管部门组织或推荐的农业品牌推选、评优评先、农业展示展销等政策；限制参加农业（渔业）系统政府采购项目等招投标活动；视为不良商誉生产者；限制参加农业（渔业）主管部门组织的各类表彰奖励活动；撤销农业（渔业）主管部门授予的荣誉称号；国家、省、杭州市规定可以采取的其他惩戒措施。

2. 健全守信激励机制

根据监管对象的农产品质量安全信用记录和信用评价分类，注重运用大数据手段，完善事中、事后监管措施，为主体提供便利化服务。例如，国家发展和改革委员会和中国人民银行曾在杭州、厦门、南京等城市开展社会信用体系建设示范，以杭州的"钱江分"、厦门的"白鹭分"和苏州的"桂花分"等为代表的城市信用分体系先后落地，推行"诚信分"让信用不再是一个宽泛缥缈的道德指标，逐渐成为一种实实在在的社会价值；诚信不再只是一种可有可无的个人选择，而已经成为一种非常珍贵的个人财富。在深层上，赋予信用丰富的内容，形成完整的评价、应用和调整体系，"积信有好报"渐成共识，真正做到让守信者"一路畅通"。

3. 建立健全信用修复机制

信用修复是指当农产品生产主体出现失信行为并产生不良记录之后，通过一系列纠正、整改、核查、信用承诺等方式，恢复信用状况，解除因失信行为导致的不良记录公示和信用惩戒的过程。2024年国务院印发《关于进一步优化政务服务提升行政效能推动"高效办成一件事"的指导意见》，将"信用修复'一件事'"列入"高效办成一件事"2024年度重点事项清单。河南省信用修复"一件事"专区已在河南省政务服务网、"信用中国（河南）"网站上线运行，在信用修复"一件事"专区，集成发布各类失信信息信用修复流程指引，实现信用修复办理"一站指引"，将办理流程明确为"我要办"和"我要查"，实现信用修复申请和查询"一口受理"，申请材料"一键下载"，信用修复结果"一并互认"。因此，开展农产品质量安全信用监管创新先行区试点建设，结合各地产业发展实际，积极探索建立有利于自我纠错、主动自新的社会鼓励与关爱机制，支持有失信行为的主体通过参加培训、社会公益服务等方式修复主体信用。

（六）强化农产品质量安全信用宣传推广

组织开展形式多样的农产品质量安全信用宣传和主题教育活动，全方位、全媒体、多角度、多层次弘扬诚信文化。推动农业企业、农民专业合作社在生产、经营活动场所的显著位置，公示生产经营主体信用等级和承诺达标合格证等信用相关信息。持续开展"农安诚信月"等宣传教育活动，采用社会公众喜闻乐见的宣传形式，大力普及诚信理念、安全意识和守规行为。加强农产品质量安全信用体系建设工作交流，学习借鉴成功经验，争创生产经营主体守信先进典型，对表现突出的可颁发"农安守信标杆"示范牌匾，使诚实守信成为农产品生产经营主体的内在追求和行为习惯。

典型案例

2024年9月12日，商务部、中宣部、最高人民法院、国家发展改革委、交通运输部、文化和旅游部、国务院国资委、海关总署、国家税务总局、国家广播电视总局、国家外汇管理局11家单位共同开展2024年"诚信兴商宣传月"活动，主题为"诚实守信 利企惠民"。主要活动安排如下：

（一）"诚信兴商宣传月"启动仪式。商务部会同相关部门联合举办宣传月启动仪式，发布宣传月活动安排，组织典型企业进行诚信经营承诺，邀请企业代表讲述诚信故事，宣扬诚信理念，弘扬诚信文化，推动达成诚信公约，切实践行社会主义核心价值观。

（二）"诚信兴商"典型案例遴选发布活动。商务部会同有关部门组织各地、商协会、金融机构开展"诚信兴商"典型案例征集、遴选、发布工作，集中宣传展示各行业领域在践行"诚信兴商"理念、创新应用场景、发展信用经济等方面的新思路、新方法、新成效。

（三）"信用惠民"主题活动。商务部组织地方商务主管部门，以及工商银行、建设银行、中国银行、农业银行、邮政储蓄银行、招商银行等相关金融机构，在全国重点商圈开展"信用惠民"主题促进活动，积极促进信用消费发展，打造信用消费新场景，深化信用消费社会认知。

（四）"诚信兴商"银企对接活动。商务部组织地方商务主管部门和金融机构开展"诚信兴商"银企对接活动，聚焦"促消费""助兴贸""兴小微"三个主题，探索诚信宣传新形式，助力营造"诚信受益"的社会氛围，进一步放大商务信用体系建设成效，打造商贸流通企业与金融机构机制化合作平台。

（五）"诚信兴业，诚信卫民"主题活动。商务部会同有关部门举办药品流通行业"诚信兴业，诚信卫民"主题活动，组织举办药品流通行业自律公约和企业社会责任报告发布活动，宣传药品流通行业诚信经营典型案例，推动药品流通行业规范健康发展，提升全行业诚信经营水平，维护人民群众生命健康安全。

（六）"做诚信之人，铸法治社会"主题活动。最高人民法院组织开展信用体系建设相关政策法规和失信联合惩戒主题宣传活动，通过中国裁判文书网、中国执行信息公开网、"中国执行"公众号等媒体发布裁判文书，发表评论文章。开展消费领域典型审判执行案例的收集整理和宣传公开工作，加强以案普法、以案释法，不断提升全体公民法治意识和法治素养。

（七）"信易贷"专项产品推广活动。国家发展改革委选取符合条件的地方和金融机构开展试点，立足本地特色化产业和信用信息优势，依托地方融资信用服务平台，开发细分领域专项金融服务和产品，持续加强信用信息共享应用，促进中小微企业融资。

（八）"交通信用"主题活动。交通运输部指导各级交通运输主管部门、行业协会等开展主题活动，聚焦工程建设、运输物流、交通出行、安全生产等重点领域，广泛宣传信用应用典型案例，体现信用在规范市场秩序、优化营商环境等方面的重要作用。依托车、船、机、路、港、站等积极开展"诚实守信，一路畅行"公益宣传，大力倡导文明出行、优质服务，培树诚信品牌。

（九）"信用经济激发文旅市场消费潜力"主题活动。文化和旅游部通过举办专题培训、开展宣传活动等，深入推进文化和旅游市场信用经济发展试点工作，进一步强应用、育品牌、优环境，充分发挥信用在激发文旅市场活力、释放文旅消费潜力方面的基础性作用。

（十）"诚信兴商央企先行"主题活动。国务院国资委结合第七届中央企业优秀故事征集活动，遴选中央企业诚信兴商典型案例，指导汽车制造、通信运营、电网发电、交通运输、建筑建材、商贸流通等重点行业中央企业，开展线上线下多种形式的诚信经营宣传活动。持续引导中央企业发挥带头示范效应，助力提升中央企业品牌价值，更好推动世界一流企业建设。

（十一）"信用提质，诚信助企"主题活动。海关总署通过海关发布、12360海关热线、《中国国门时报》等媒体平台，宣传海关落实各项高级认证企业优惠措施的实施成效，重点宣传新兴业态、中小微、专精特新企业信用培育，引导进出口企业增强自律守法意识，提升国际竞争力。

（十二）"依法诚信纳税"主题活动。税务总局指导各地税务部门开展相关宣传活动，重点宣传税务部门参与社会信用体系建设，健全完善纳税信用制度，持续深化纳税信用信息共享应用，促进小微企业融资工作，引导诚信经营的做法和成效。同时，严肃查处并曝光一批偷逃税等涉税违法典型案件，促进依法诚信纳税。

（十三）"越合规越便利"主题活动。国家外汇管理局宣传外汇管理政策法规，提升市场主体诚信经营水平，营造外汇市场诚信氛围；宣传汇率避险知识，树立汇率"风险中性"理念，助力各类涉汇市场主体更好适应人民币双向波动的市场环境；宣传近年来打击非法跨境金融活动案例，增强外汇管理威慑力，鼓励用汇主体诚信办理外汇服务，增强合法合规意识。

（十四）"行业诚信建设"主题活动。中国企业联合会组织开展企业诚信专题宣传教育，传播企业诚信建设典型经验和信用管理知识，宣贯《企业诚信管理通则》团体标准。中国商业联合会围绕"以诚信为本，以诚信立身"主题,开展人物访谈,广泛分享企业重质量、讲诚信的典型案例。中国消费者协会进一步加大"全国消协智慧3·15"平台宣传力度,提供更加高效透明的投诉调解服务,维护消费者合法权益。中国连锁经营协会支持会员企业开展第三方认证信用信息等工作,建立以质量换市场的正面激励机制。

第六章

省级农产品质量安全信用体系建设案例

◆ **本章导读**

近年来,各省农业农村部门均已部署开展了农产品质量安全信用工作,由农产品质量安全信用体系建设项目推进的试点创建工作取得突出进展。其中,浙江省建立了行业农产品质量安全信用评价监管体系,实现"三个全省统一",即统一评价指标,统一评价平台、统一分级分类。江苏省推进"建立信用承诺制度""完善信用档案""开展信用评价""实行分级分类监管""探索信用信息公示和联动奖惩""建立信用修复机制"试点验证。广东省积极推动农产品质量安全信用评级和监管应用创新,加强对农产品生产主体的监督和服务。山东省建设"农产品质量安全信用信息系统平台",制定了省级农产品质量安全信用管理办法,明确了"立信、征信、评信、示信、用信"等规范要求,形成完整信用评价机制。广西壮族自治区农业农村厅应用"信用+金融"模式,利用绿色食品企业信用体系建设,为自治区特色产业发展提供了有力支撑。

一、浙江省：积极探索，稳步推进，全力构建农产品质量安全信用新型监管机制*

农产品质量安全信用体系建设是强化农产品质量安全监管的重要举措，也是社会诚信体系建设的重要组成部分。近年来，在农业农村部的指导下，浙江省按照省政府信用建设"531X"工程（即聚焦企业、自然人、社会组织、事业单位和政府机构5类主体，构建公共信用指标体系、信用综合监管责任体系、公共信用评价及信用联合奖惩体系3大体系，完善全省统一的公共信用信息平台，推进信用体系在若干重点领域创新应用）总体设计与安排，精心谋划，建立了行业农产品质量安全信用评价监管体系，实现"三个全省统一"（统一评价指标、统一评价平台、统一分级分类），各地因地制宜，形成多场景"用信"的应用模式，有力推动了农产品质量安全信用新型监管模式的构建。

（一）出台有关信用制度文件

2017年，浙江省农业农村厅出台了《浙江省农资和农产品生产经营主体信用档案建设实施方案》和《浙江省农业投入品生产经营主体失信

---

* 来源：浙江省农业农村厅。

"黑名单"管理办法(试行)》,在农资生产经营领域建立主体信用档案,将查阅信用档案作为审查主体资格、审批行政许可事项、下达财政支持项目等的重要条件,形成对农业投入品生产经营主体失信行为的管理制度。为推进主体信用监管方式,2020年印发《浙江省食用农产品生产主体信用综合监管实施办法(试行)》。《浙江省食用农产品生产主体信用综合监管实施办法(试行)》适用的目标主体为本省行政区域内从事种养的农业企业、农民专业合作经济组织、家庭农场等有关主体的食用农产品生产信用综合监管适用本办法。同时,鼓励其他规模生产主体和散、小户申请参加食用农产品生产信用评价。《浙江省食用农产品生产主体信用综合监管实施办法(试行)》详细阐述了信用信息归集、信用评价等内容,明确了列入严重失信名单的依据条件、认定程序等,对评价指标有效期、信用修复有关程序进行了说明,对各信用等级主体及列入严重失信名单主体采取的监管措施作了规定,制定了浙江省食用农产品生产主体信用评价体系1.0版。

(二)制定主体信用评价体系1.0版

食用农产品生产主体信用评价体系主要包括公共基础信息(300分)和行业生产行为信息(700分)两部分,评价体系指标由公共信息(一级指标1个、二级指标5个)和行业信息(一级指标9个、二级指标23个)两部分组成。设置信用评价总分为1000分,评价标准采用扣分制,评价结果主要划分为5个等级:A(>800分为优秀,以绿色表示)、B(>700且≤800分为良好,以蓝色表示)、C(>600且≤700分为中等,以黄色表示)、D(>500且≤600分为较差,以红色表示)、E(≤500分为差,以灰色表示)五档,以及严重失信名单。评价指标和划分区间可根据需要适时进行迭代优化。

食用农产品生产主体有下列不良信息之一的，应当列入严重失信名单。一是因食用农产品生产、加工、贮运、销售等过程中使用违禁药物或违规经营、贩运、屠宰的禽、畜、兽、水产动物及其肉类等，以致损害人身健康和生命安全的违法行为被追究刑事责任或行政拘留的。二是食用农产品质量安全管理责任履行不到位，发生Ⅳ级及以上食用农产品质量安全事故的。三是因食用农产品质量问题被新闻媒体曝光，造成恶劣影响且经查证属实的。四是其他严重食用农产品质量安全违法违规行为的。

（三）构建全省信用评价平台

开发了浙江省农业生产主体信用评价平台，与省公共信用信息平台、省农产品质量安全监管系统、省农资监管与服务信息化平台、省农业执法智能处理系统、省智慧畜牧业云平台等互联，实现平台自动抓取数据，信用智能评级。评价结果可实时共享至省公共信用信息平台、市场"互联网+监管"平台，并纳入"双随机"抽查监管机制。对规模农产品生产主体已建的信用信息档案，覆盖所有农业企业、农民专业合作社、家庭农场三类规模主体。

（四）制定分级分类监管措施

对于信用等级A、B级主体，抽检比例和巡查检查频次可以降低为原来的50%；对于信用等级C级主体，抽检比例和巡查检查频次为原来的100%；对于信用等级D、E级主体，抽检比例和巡查检查频次为原来的200%；对于列入严重失信名单的主体，不受抽查比例和频次限制，并可采取农业主管部门给予的一些行政便利措施。

对于被列入严重失信名单的主体，可以采取以下监管措施：①视为不具有承担省内竞争性支农资金项目实施的一般履约能力，不认定为适格实施者；②取消农业（渔业）主管部门给予的行政便利措施；③限制参与农业（渔业）主管部门组织或推荐的农业品牌推选、评优评先、农业展示展销等政策；④限制参加农业（渔业）系统政府采购项目等招投标活动；⑤视为不良商誉生产者；⑥限制参加农业（渔业）主管部门组织的各类表彰奖励活动；⑦撤销农业（渔业）主管部门授予的荣誉称号；⑧国家和省规定可以采取的其他惩戒措施。

二、江苏省：推进十万规模主体入网行动，实现农产品质量安全信用管理全覆盖*

近年来，江苏省推进农产品质量安全示范省建设，努力探索以信用为基础的农产品质量安全新型监管机制，把农产品质量安全信用管理作为全省20个信用管理行业示范行动之一加以推进，立足"信用评起来、监管严起来"，努力实现对守信者"无事不扰"，对失信者"利剑高悬"。2020年度省社会信用体系建设领导小组办公室表彰50个社会信用体系建设工作创新项目，江苏省农业农村厅"创新实施省级农产品质量安全信用监管示范工程"和"实施食用农产品合格制度"两个项目入选。

（一）着力推动试点示范，加快信用管理制度建设

一是组织安全县开展信用试点。2016年在海安试点农资诚信体系建设，2017年在昆山启动农业投入品经营信用体系建设试点，2018年在丰县开展农产品质量安全信用体系建设试点，2019年江苏省农业农村厅提请省政府将信用体系建设作为示范省建设的重要内容之一，江苏省农业农村厅印发《关于推进农产品质量安全示范省建设的意见》（苏政办发

---

* 来源：江苏省农业农村厅。

〔2019〕6号），在64个国家级、省级农产品质量安全县（市）创建单位全面开展信用档案建设，为实施信用管理营造了良好氛围。

二是组织乡镇监管站开展信用监管。2019年江苏省农业农村厅印发《关于做好乡镇农产品质量安全监管标准化提升工作的通知》，将信用体系建设纳入乡镇监管的星级评定内容，要求乡镇监管站"加强诚信体系建设，建立农产品生产经营主体信用档案，完善信用记录，对监管对象进行分类分级管理"。

三是组织省级层面的政策创制。在各地实践基础上，2020年江苏省农业农村厅编制《江苏省农产品质量安全信用管理办法（试行）》，明确了适用全省的信用信息归集与分类、信用等级评定、信用评价结果公开与应用等措施要求。2021年江苏省农业农村厅编制了地方标准《农产品生产经营主体质量安全信用等级评价规范》初稿，目前正在筹备送审。2021年，组织昆山市、淮安市淮安区、高邮市、句容市等从"江苏省农产品质量追溯平台"随机选取当地农、畜、水产品生产主体各20家以上，对照《江苏省农产品质量安全信用管理办法（试行）》推进"建立农产品质量安全信用承诺制度""完善农产品生产主体信用档案""开展主体信用评价""实行分级分类监管""探索推动信用信息公开公示和联动奖惩机制""建立信用修复机制"6个方面的试点。试点验证后，到2022年年底，实现全省涉农县（市、区）和涉农乡镇100%试行信用管理，纳入信用信息系统的主体信用档案基本全覆盖。

（二）围绕激发守信动力，优化主体主动评信环境

一是设定"初评门槛"。江苏省农产品生产主体的信用等级分4级，分别为A级（诚信）、B级（守信）、C级（基本守信）、D级（失信），农业主体除两年内有一票否决项的外，初始等级认定为B级以上。

二是评级"内外有别"。采用定量与定性相结合评级,日常信用信息按100分机器评分、实时评级,主要用于部门管理;A、D信用等级连续保持一年以上并经专家组评审,建立红黑名单并公示,强化社会共治。

三是鼓励"增信加分"。设立"质量与增信信息",主体上传取得的认证或登记信息、受到的表彰、荣誉等;农产品生产经营与服务过程中农业投入品使用管理记录、生产经营过程控制、制度执行、安全生产教育和培训情况等信息;在有效期内,经审核认可,系统予以加分,过期则分值归零。

(三)立足乡镇网格化监管,推动规模主体建档全覆盖

一是统一入网标准。2019年江苏省农业农村厅印发《关于建立健全农产品质量安全重点监管对象电子信用档案的通知》(苏农质〔2019〕13号),推动省级农产品质量安全追溯平台注册即信用建档,实现全省统一的电子信用档案管理。明确从事农产品生产的企业、合作社、家庭农场,以及符合省定标准(如稻麦50亩、蔬菜20亩、生猪存栏200头、水产20亩)的规模种养殖户,必须"应入尽入",要求以乡镇监管机构为主,摸清主体底数,采集主体信息。

二是统一入网要求。2021年以中共江苏省委农村工作领导小组名义印发《关于实施十万规模主体入网监管行动全面提升农产品质量安全水平的通知》(苏委农发〔2021〕4号),将年内10万家以上主体入网纳入乡村振兴和食品安全考核,要求通过平台打印合格证(含追溯码)、具有基层监管信息的入网主体,才能记为有效。

三是统一信用信息计分标准。省级确定统一的信用信息计分标准,每1~2年进行动态调整,系统平台根据基层归集的信用信息,对照计分

标准进行"机器评分"。加分时,基层监管机构只对主体申请内容进行真实性审核;减分时,基层监管机构只需采集巡查发现的问题隐患、监测发现的不合格产品情况,信用信息纳入平台需告知主体,尽可能地减少人为干预。

(四)注重转变监管方式,探索逐步加强信用结果应用

一是推动"双随机"监管模式。2021年起根据入网主体名录扎实开展"双随机"抽样、"双随机"风险排查。上半年监测发现不合格产品18批次,问题发现率明显提高;风险排查也切实促进了掌握真实情况、真正发现和解决问题。

二是推动信用信息在评选鉴优活动中的应用。江苏省农业农村厅印发《关于在农产品评选荐优活动中加强质量安全管理的通知》(苏农办质〔2021〕9号),加强农产品质量安全建设与监管工作无缝衔接。

三是完善信用评价结果应用。下一步对A等级的降低"双随机"占比、优先评选荐优、优先享受政策扶持、推荐纳入"红名单"并向社会公布,对D等级的加大"双随机"占比,重点开展日常巡查监管和监督抽查,推荐纳入"黑名单"并向社会公开失信行为,取消各类选优扶持资格。

三、广东省:多举措推进农安信用体系建设,强化生产主体农安信用意识*

农产品质量安全信用体系建设是2022年《农产品质量安全法》重

---

* 撰稿人:广东省农业科学院农业质量标准与监测技术研究所汪敏、廖若昕。

要亮点之一，广东省将农产品质量安全信用体系建设作为进一步强化农产品质量安全监管的重要抓手，积极推动信用评级评价和监管应用创新，加强对农产品生产主体的监督和服务，通过农安信用引导生产主体进一步夯实农产品质量安全主体责任。

（一）立信为先、评信增值，联合激励正风气

为强化农产品生产经营主体以"自律"意识为基础、与监管部门"他律"相结合的新型监管机制，广东省农业农村厅印发《广东省农产品质量安全信用体系建设采信及评价工作方案（试行）》，构建农产品质量安全信用评级评价指标体系，对广东的农产品生产主体进行农产品质量安全信用评级评价。该指标体系包含主体基本情况、过程管控情况、行业认可水平、行业监管信息和社会反馈意见等5大维度，13方面的省级农产品质量安全信用评价指标，通过量化评价，将农产品生产经营主体划分为不同农产品质量安全信用等级，并据此实施差异化监管。该农产品质量安全信用评价实行年度农产品质量安全信用分累积、年度评级100分动态记分制，共分为6个等级，从高到低依次是农安4A、3A、2A、A、B、C级。依托广东省智慧监管平台，建立农产品质量安全信用体系信息采集数据库，推进农产品质量安全信用体系的数字化建设，形成智能高效评信机制。截至2024年年末，全省累计已有10.45万家农产品生产经营主体参与农产品质量安全信用评级。主体可通过注册广东省农产品质量安全智慧监管平台参与农产品质量安全信用评级，消费者也可通过扫描随产品附带的承诺达标合格证上的二维码查询A级及以上生产主体的农产品质量安全信用信息。广东省将农产品质量安全信用工作纳入年度省级食品安全评议考核，以农产品质量安全信用信息抽查、审核率和年内参与农产品质量安全信用评级评价规模主体覆盖率、A级

以上主体占比作为考核内容，切实发挥考核"指挥棒"作用，有力推动建立健全农产品质量安全信用体系。

（二）示信宣传、创新模式，加强内外监督

广东不断创新"农产品质量安全信用+"应用场景。探索"农产品质量安全信用+合格证"应用场景，生产经营主体的农产品质量安全信用等级在 A 级以上可在承诺达标合格证上同步展示，通过"证信合一"推动"以证亮信、以信量证"，实现生产主体一键下载使用。创新广东省独有农产品质量安全信用 logo 和农产品质量安全信用等级证书，着力为农产品质量安全赋能。创新"农产品质量安全信用话剧展演"宣信模式。广东结合 2022 年《农产品质量安全法》中农产品质量安全信用、承诺达标合格证、乡镇网格化监管等，通过"一条鱼"的养殖全过程创作农安话剧《有农安，做好鱼》，在全省各级培训班、媒体上播放，普及约 15 万人次，通俗易懂兼具沉浸式的宣信方式得到监管人员、生产经营主体和检测体系人员的广泛好评。创新"党建+政策+实操+考试"宣信模式。广东认真贯彻落实农业农村部关于新农产品质量安全法宣贯要坚持"三个面向"的指导意见，面向不同类型主体组织了 30 余场线下培训班，通过党建引领统一农安工作思想共识、通过政策宣贯提升农安监管本领、通过现场实操掌握信息化操作技能、通过训后考试检验学习成效，通过"想、学、做、看"四个维度强化宣信成效。

（三）用信赋能、扩展场景，良性循环促发展

广东各级农业农村部门积极探索实践农产品质量安全信用评级结果应用挂钩政策。广东省农业农村厅将农产品质量安全信用评级纳入 2023 年度食品安全评议考核，要求年内农产品质量安全信用 A 级以上主体数

量需达到30%以上；广州市增城区通过用信赋能，不断拓展农产品质量安全信用应用场景。例如，印发《增城区农业龙头企业认定与监测实施办法》，将"用信"与地理标志授权融合；同时，印发《增城区荔枝农产品质量安全信用分级分类监管实施方案（试行）》，推动荔枝农产品质量安全信用分类监管等。佛山市全市推行农产品质量安全信用体系试行，在建立重点监管名录、指导企业信用升级的同时，创新建立水产质量安全联盟，设计统一标识，共享检测信息，推动行业自律，并进一步推动"双A类""冲A类"主体激励机制。江门市同步推进农产品质量安全信用与承诺达标合格证制度，出台《江门市农业品牌培育奖励办法》，将生产主体信用情况纳入否决项，连续5年实施合格证补贴等激励政策，将合格证使用和农业品牌主体信用情况纳入主体认证、补贴申领、保险补贴等的否决项，有效推进农产品质量安全信用工作开展。惠州市实施优秀乡土人才遴选和科技项目申报需农产品质量安全信用A级以上，探索"农产品质量安全信用+评先评优+项目申报"应用；怀集县以辖区农业主体对金融信贷的需求为抓手，探索"农产品质量安全信用+金融"的推进模式，每年统筹资金1000万元用于贴息，发布"农产品质量安全信用"授信企业白名单，探索将农安县信用、产品认证等企业软实力转化为信贷资本，服务地方产业发展，全省农产品质量安全信用应用场景探索氛围正逐步形成。

四、山东省：实施信用化管理为农产品质量安全工作赋能增力[*]

建设信用体系是现代社会治理的重要内容。山东是农业大省，产业

---

[*] 来源：山东省农业农村厅。

类型多,主体数量大而且规模差异大,在过往农产品质量安全工作中,多是对点对线实施监管,难以从根本上筑牢主体责任意识,难以形成长效机制。为破解这一难题,山东省按照农业农村部《关于加快推进农产品质量安全信用体系建设的指导意见》,结合该省实际,整合资源,建设山东省农产品质量安全信用信息系统平台,与省市场监督管理局企业主体库实现了动态对接。同时,山东省农业农村厅制定《山东省农产品质量安全信用管理办法》和《山东省农产品质量安全红黑名单管理办法》,明确了"立信、征信、评信、示信、用信"等规范要求,组建省信用评价办公室和信用评审专家组,形成完整信用评价机制。开展第一次全省性农产品质量安全信用评价,涉及农业企业、合作社、家庭农场等近7000家,迈出了坚实一步,对全省各级农产品质量安全信用化管理发挥了示范作用。

(一)建设信用体系,有效提升了农产品质量安全精准化、系统化管理水平

山东省农产品质量安全信用信息系统与省市场监督管理局、省发展和改革委员会等系统数据动态对接,链取了29万家主体信息,基本涵盖全省农业企业、家庭农场及农民专业合作社,省、市、县农业农村部门联动,对主体数据进行清洗、转换、比对和存储,监管主体信息进一步明晰,动态主体数据库建设逐步完善。山东省农业农村厅与省信用公共服务平台实现对接,实时链取涉农市场主体的行政许可信息19万条以上、行政处罚信息471项,汇集近三年国家、省、市、县级监督抽查数据2.6万余条。同时,鼓励主体通过省级农产品质量安全信用信息系统自主申报信用信息,信用记录全部电子化存储,对于管理对象有了更客观、系统的认知,有效提升精细化管理水平。

（二）统筹信用信息，规范信用权重，推动农产品质量安全重点工作落实

经对接省社会信用系统，明确市场主体质量安全信用等级划分从高到低分为A+、A、B、C、C-、D、D-七级，依据其信用等级分为诚信守法（A+级、A级）、轻微失信（B级）、一般失信（C级、C-级）、严重失信（D级、D-级）四类。市场主体信用等级连续保持12个月以上并经专家评审，A+级主体纳入山东省农产品质量安全信用红名单，D-级主体纳入山东省农产品质量安全信用黑名单。信用等级评分实行千分制，上不封顶。A+（1000分以上）、A（600~1000分）、B（400~599分）、C（300~399分）、C-（200~299分）、D（100~199分）、D-（0~99分）。信用信息初步明确了14项，其中4项为减分项，另有4项关键否决项。对于通过"三品一标"认证、接受农产品监督抽查、在国家平台开展农产品质量安全追溯、实施食用农产品合格证制度等国家推动的重点工作作为农产品质量安全信用评价赋分项，认真落实完成的予以增信赋分，反之减信失分。将信用评价作为市场主体提质及市、县推动工作的"指挥棒"，引导农产品质量安全监管工作落到实处。

（三）大力宣传信用评价结果，进一步激发生产者主体责任落实的主动性

山东省经信用信息征集、信用信息审核、信用指标评价、行业专家评审等环节，对6000余家主体进行了信用等级评价。评价结果向社会公开，鼓励市场主体在生产经营、交易谈判、招投标等经济活动中使用信用信息和信用评价结果。农业农村主管部门在今后工作开展中，将不断加强信用评价结果应用，对于信用等级为A级以上的，适当减少产品

（农产品和农业投入品）质量安全抽检频次，对信用等级为 D 级以下的，列为农产品质量安全抽检必查单位。通过生产经营主体信用信息记录的不断完善和结果运用，主体对农产品质量安全信用管理更加重视，在今后征信中，就有几十家企业反映未接受国家监督抽查，丢失了 150 分的正向赋值。相信通过一段时间工作推进，会有更多主体自愿接受产品检测并主动开展追溯、合格证制度等工作，从而提高市场和消费者接受度。

（四）用信用强化监督，打造示范亮点，构建农产品质量安全共治新格局

山东省农产品质量安全信用信息系统规划了信用信息查询、信用档案管理、信用档案审核、信用信息公示、信用信息应用、信用风险预警等功能，通过信用数据可视化分析，社会公众对农产品质量安全的信息获取更加直观。同时，通过系统化、常态化的农产品质量安全信用评价和公开，改变了各部门对于农产品质量安全工作仅仅是发现问题、打击违法的认知，从我们工作中可以更多发现亮点，在落实农业扶持政策和重大工程项目安排上，予以借鉴参考，更加有力推动农业主体高质量发展。

五、广西壮族自治区："农安信用直通车"为广西企业发展"破难题"*

2023 年，广西壮族自治区农业农村厅应用"信用+金融"模式，利用绿色食品企业信用体系建设弥补了银行对农产品生产企业主体信用评价不充分、不全面和不专业的短板，通过金融手段与企业信用体系建设挂钩，有效解决生产企业融资难、贷款程序烦琐等问题，提升了生产主

---

* 来源：广西壮族自治区农业农村厅。

体严守质量安全和诚实守信的自觉性和自愿性，为自治区特色产业发展提供了有力支撑。

（一）细化信用等级体系内容

2023年，广西壮族自治区农业农村厅制定《广西农产品质量安全信用体系建设试点工作要求》，由第三方信用服务机构对农产品生产经营主体开展全覆盖、标准化、可持续、公益性的农安信用评价。农产品质量安全信用评价实行年度信用分累积、年度评级（权重）100分动态计分制。信用评级采取量化评分，从高到低共分为AAA级、AA级、A级、B级、C级、D级6个等级。综合量化评价结果，依托广西征信融资服务平台为农产品生产经营主体统一实施金融评分画像。

（二）精选农产品生产主体试点

率先在农产品生产经营主体中开展农产品质量安全信用体系建设试点工作，在全区范围内遴选100家绿色优质主体，通过查阅生产主体信用等级评定资料，实地查看生产过程管控、生产技术培训、实施追溯管理及行业认可等方面情况，详细了解和核查企业农产品生产情况，督促企业对照信用等级评定指标要求逐步完善企业信用档案，并向生产主体宣传"信用+金融"等各项政策。经过资质审查、资料核查、现场检查、专家评审等程序，70家生产主体获评A级以上等次。

（三）强化信用体系建设金融保障

加强与中国人民银行广西壮族自治区分行对接合作，积极推动农产品质量安全信用体系建设的"用信"工作。引导金融机构积极与企业开展对接，帮助金融机构结合广西壮族自治区农业农村厅的信用评级结果和"桂信融"平台的企业信用画像情况,更精准地评估借款风险、贷款金额、贷款利率等关键因素,为获评企业提供切实高效的金融支持,构建多层次、宽领域、细分化的金融服务体系,降低企业融资门槛和成本。引导金融机构积极参与农产品质量信用体系建设的采信、评信、用信等环节,打造适应企业多样化需求的金融服务体系,推动行业信用与金融服务有机衔接,为优质、守信的农产品生产经营主体提供全方位金融支持,进一步助推产业振兴。

(四)广泛宣讲对接需求

广西壮族自治区农业农村厅切实担起行业主管部门责任,主动加强与金融机构的协作互动和信息互通,完善"政、银、企"长效对接机制。持续推进落实"桂惠贷""惠农贷"、创业担保贷款等政策,积极运用信用体系建设等服务措施,持续提升服务能力,惠及更多涉农主体。加大宣传力度,及时掌握农业农村领域相关主体金融需求,为金融机构和生产经营主体牵好线、搭好桥。2023年9月,广西壮族自治区农业农村厅在南宁市成功举办广西农产品质量安全信用体系建设政银企对接会,现场介绍"信用+金融"模式和农产品质量安全信用体系建设情况,宣讲"桂惠贷"支持农业发展有关政策。金融机构、企业代表分别就企业融资问题与相关金融机构深入探讨,对接融资需求,实现了金融机构和企业之间的有效对话与合作共赢。

(五)推进成果高效转化,发挥示范辐射作用

引导企业积极参与广西农产品质量安全信用体系和农村信用体系建设工作,推广"信用+金融"应用服务,督促企业主动履行主体责任,在促进全区农产品质量安全水平提升的同时,信用工作也助力企业发展,

构建了互信、互利、和谐的政银企关系。目前，全区农产品质量安全信用体系建设取得了阶段性成效，"行业信用—金融信用—信贷支持"得到有机衔接和高效转化，有力助推了绿色优质企业的高质量发展。

下一步，广西壮族自治区农业农村厅还将继续强化农业农村领域信用体系建设工作，加大对绿色食品产业的政策引导，巩固和深化阶段性成果，探索研究更多"信用+"应用服务，为绿色食品企业的发展提供支持。同时，统筹乡村振兴经费保障，在贷款贴息、农业担保、农业保险等方面给予相关主体适当支持，用好用活"桂惠贷—惠农贷"产品，享受贴息优惠，广西壮族自治区本级财政全额承担贴息的政策红利，助力绿色优质农产品企业发展，助推农业农村领域经济高质量发展。

第七章

市级农产品质量安全信用体系建设案例

◆ **本章导读**

近年来,农产品质量安全信用体系建设不断强化"政府引导、主体参与、科研支撑、创新驱动"的试点模式,指导地方开展区域性农产品质量安全信用试点,推动农产品质量安全信用从"点上突破"朝"面上推进"。引导地方落实农产品质量安全信用责任。例如,杭州市通过数字化系统对农业主体落实农产品质量安全责任情况进行智慧评价。昆山市通过开展地产大闸蟹专项信用评价工作探索以信用监管手段规范地产大闸蟹生产经营秩序、保护地方特色品牌。安康市积极探索网格化监管,构建了"事前信用自我承诺、事中信用评价监管、事后信用综合运用"的农产品质量安全信用监管机制。湖州市突出守信激励应用与治理创新,大力推动农产品质量安全信用体系建设工作等。本章重点介绍市级层面推进农产品质量安全信用体系建设做法和创新举措。

第七章　市级农产品质量安全信用体系建设案例

一、杭州市：实施农产品生产主体评信用信，助力实现共同富裕*

近年来，杭州市依托数字赋能，大力发展"数字农安"，高标准、高水平推进农产品质量安全信用体系建设，形成了保障食用农产品生产领域质量安全新型长效机制。杭州市7个主要涉农区县（市）全部建成省级农产品质量安全放心县，其中2个区（县）创建为国家农产品质量安全县。

（一）围绕溯信本质，推动农产品信用体系不断完善

杭州市着眼本地农产品生产全链条，抓住反映农产品生产主体诚信生产的核心要素，合理设置信用评价内容，设计出14个方面、12个一级指标、23个二级指标、48个具体评分标准、4种严重失信情形和修复办法，搭建起农产品信用评价体系框架。将信用评价工作列入农产品质量安全年度工作要点，组织专题部署和培训，做到任务、方案、方法"三明确"，责任、措施、投入"三到位"。从2021年3月上旬开始，杭州市率先在全省正式上线运行农产品生产主体信用评价系统，杭州市的农产品生产主体从此有了自己的信用等级。

---

* 来源：杭州市农业农村局郑旭明。

(二) 强化数字赋能,实行农产品信用评价智慧监管

依托杭州市数字农业综合平台,完善农产品质量安全追溯系统,将杭州市农业生产企业、农民专业合作社、家庭农场等规模生产主体及大户共3390家全部纳入生产主体信息库,实现"应纳尽纳",共收集信息1700多万条,市、县、乡镇和生产主体4级共享。通过数字化系统对农业主体落实农产品质量安全责任情况进行智慧评价,融合省市公共服务平台数据,归集种植、畜禽、水产、执法、监测等信息,实时获取,动态评价。将信用结果评定为A、B、C、D、E共五个等级,分别以绿、蓝、黄、红、灰5种颜色显示。开发"数字农安App",推广"掌上"信用。将信用置入手机端,设立分析和预警功能,简化操作流程,监管者和生产主体只需一机在手,就能掌握详情,查找薄弱环节,改进管控措施。

(三) 聚焦信用惠民,保障农产品信用机制行稳致远

实行评价结果分级管理模式,将信用等级与"双随机"抽检挂钩,对信用等级较高的主体,降低抽检频次,对等级较低的主体,增加抽检强度,真正把监管力量用到位、全覆盖。实行守信激励,市、县两级农业农村局分别与省农信联社杭州办事处、当地金融机构等签订协议,依照农业生产主体的信用情况,采取差异化的金融服务办法,褒奖诚实守信,激发主体自律,形成正确导向。例如,浙江建德农村商业银行对A级的生产主体给予300万元授信额度,年利率最低4.15%,对B级的给予200万元授信额度,年利率最低4.35%。杭州市推行社会共治,农产品生产主体评信用信被作为监管创新机制纳入市政府营商环境建设。杭州市出台《杭州市农产品质量安全与农业农村扶持政策挂钩实施细则

（试行）》，将信用与生产主体评先评优、政策享受挂钩，倒逼主体强化农产品质量安全第一责任，诚信生产。开设农产品质量安全举报电话，设立5万元奖励基金，鼓励百姓监督。

农产品信用体系建设不仅给农产品质量安全监管增添了新的路径，也给生产主体安上了一道质量管控的"紧箍咒"，有力保障了人民群众"舌尖上的安全"。

二、昆山市：推进农产品质量安全信用体系建设，护航阳澄湖大闸蟹品牌质量*

阳澄湖大闸蟹是江苏省昆山市特色水产品，是农业农村部公布的农产品地理标志登记产品。近年来，"过水蟹""洗澡蟹"等以外地大闸蟹冒充阳澄湖大闸蟹的不诚信经营现象时有发生，对产品品牌和消费者权益带来一定影响。自2019年起，昆山市农业农村局与阳澄湖大闸蟹主产地巴城镇人民政府作为牵头单位，多方协作成立联合专项工作组，开展地产大闸蟹专项信用评价工作，探索以信用监管手段规范地产大闸蟹生产经营秩序、保护地方特色品牌。

（一）建立大闸蟹信用评价指标体系

专项工作组制定了"大闸蟹信用评价指标体系"，评价体系对大闸蟹养殖主体的基本情况、生产过程管理、环境管理、质量管理、公共信用、抽检监督、社会责任履行7个维度共计63项指标进行监督管理与结果评价。专项工作组联合南京审计大学、昆山征信管理有限公司等专业

---

* 来源：昆山市农业农村局。

院校及征信机构,创新"政、校、企"三方合作模式,编制《昆山市渔业行业信用体系建设规范》等制度16项。2021年,昆山市农业农村局与中国标准化研究院、昆山征信管理有限公司合作,探索开展大闸蟹质量安全信用评价地方标准和国家标准附录起草工作。昆山市将结合当前以信用为基础的新型监管机制下的信用信息资源,对原有信用评价指标进行完善,更科学地设定相关农业信用评价指标体系的建立原则、指标内容、评价要求和信用等级划分依据等,为有效指导行业信用评价,建立符合行业特征、监管需求的信用评价模型,为推动行业信用评价结果应用打好基础。

(二)建立大闸蟹信用信息数据库

实施阳澄湖大闸蟹信用信息数据标准化工程,先后开发了用于移动终端信息采集的大闸蟹生产信用监管平台和应用于PC端的巴城地产大闸蟹生产信用管理平台,同时利用好水产品质量安全管理中收集的渔事活动数据,建立较完整的信用信息基础数据库。在此基础上,建设了昆山智慧农业农村—地产大闸蟹信用管理平台,平台设计了信用管理功能,可对养殖户进行信用得分和信用等级评估,并推动将养殖户信用评价结果与获取蟹扣等公用资源挂钩的应用研究工作,以此提升优质地产阳澄湖大闸蟹的附加值,加快阳澄湖大闸蟹从价格取向到价值取向的品牌建设理念转变。下一步,昆山市还将联合科研院校等专业单位,探索建设昆山市大闸蟹产业信用联盟,建立大闸蟹产业链信用信息数据库和防伪溯源信用二维码,将产业链上下游企业全方位纳入评价体系,促进信用建设向生产、销售、管理端延伸,推动产业持续健康发展。

(三)组织开展大闸蟹等多领域信用等级评定

实施规模主体入网监管工程,推动昆山市1067家农业规模生产主体纳入江苏省农产品质量追溯管理平台监管,建立规模生产主体电子信用档案。2021年,随机从"江苏省农产品质量追溯平台—信用系统"选取农、畜、水产品生产主体82家开展信用监管试点工作。通过推动不同类型主体开展农产品质量安全信用承诺,引导经营主体完善农产品生产主体信用档案,组织实施主体信用评价,对不同主体实现分级分类分析,差异化监管,大大提高了产业经营者、养殖户诚信经营、规范养殖的守信意识和认知度,为探索制定农产品质量安全信用溯源评价规范提供了实践支撑。

(四)加强投入品质量信用管理

农药、渔药是保障农产品质量安全的重要环节。自2018年起,昆山市从农药、渔药经营管理入手,探索开展信用监管试点工作。依据考核指标体系,昆山市每年都对全市农药经营单位开展一次信用考核,三年来共评选出A级农药诚信经营单位9家,B级农药诚信经营单位19家。对评价为A级、B级的单位或个人予以授牌奖励,对评价为D级、E级的单位或个人进行约谈,要求限期整改。2018年,昆山市对全市7个区镇随机抽样的120户水产养殖户和30家渔药经营店的信用状况进行入户实地调研,出具诚信经营、规范养殖试点信用评价报告150份,完成信用评价多维度分析报告2份。评价结果为渔业行业经营主体享受信用惠农政策提供了科学的依据,有效促进渔业行业由"政策性硬监管"向"信用型软监管"模式转型。

三、广元市:"制度·技术·应用"三链协同打造农产品质量安全信用监管"广元模式"*

近年来,广元市认真贯彻落实新修订实施农产品质量安全法的有关要求,围绕"信用筑基、创新驱动、精准监管"的总体思路,以"阳光农安"智信监管平台为载体,以健全主体信用档案为基础,以信用分级分类监管为核心,在制度、技术、应用等方面系统谋划、全链推进,不断探索推进农产品质量安全信用监管新模式。

(一)高位推动,筑牢信用监管制度根基

1. 强化保障体系

广元市将信用监管作为"一把手工程",由广元市农业农村局主要领导挂帅、分管领导牵头,组建由监管品牌、农安中心、政策法规等骨干组成的工作专班,主动争取市级财政专项资金支持,优先保障信用档案建设、平台升级等关键环节,形成"专班统筹抓总、资金定向支撑"的保障体系,确保试点工作高起点开局。

2. 构建制度体系

广元市在学懂弄通、反复论证、公开征询等基础上,2025年2月印发了《广元市农产品质量安全信用监管建设工作方案》,出台了《农产品质量安全信用监管管理办法》,明确了"7个一"即"一库、一栏、一端、一证、三系统"的"广元模式",为农产品质量安全信用信息的归集、评价、应用、修复等全链条监管提供支撑。

---

* 来源:广元市农业农村局朱山川、徐颖、肖利。

3. 建立评价体系

聚焦信用监管核心，创新构建了涵盖"主体基本情况、过程管控情况、行业认可水平、行业监管信息、社会反馈意见、主体形象宣传"6大类36项具体指标的信用采信及评价体系，力求全面反映主体质量安全信用状况，注重定量评价与定性分析相结合，为分级分类精准监管奠定基础。

（二）聚焦核心，扎实推进试点任务落地

1. 精准遴选试点主体

聚焦茶叶、水果（猕猴桃）、剑门关土鸡（禽蛋）、蔬菜（食用菌）等优势特色产业，通过"县区推荐+市级筛选"模式，精准锁定100家试点主体。联合"阳光农安"平台服务商，定制开发信用评价管理模块，实现36项指标数据自动抓取、动态评分和风险预警。加快构建"主体全入库、数据全归集、评价全自动"的数字化监管模式。

2. 开发升级信用平台

以"阳光农安"信息化监管平台为基础，严格按照评价指标体系要求，深度优化升级打造"阳光农安"广元智信监管平台。目前，平台信用管理模块的初步开发模板已基本成形，平台将实现主体信用信息的自动归集、评分评级、分级公示、异议处理、修复申请等核心功能。

3. 初步建立信用信息归集机制

明确了市县乡三级监管部门与生产主体在信用信息采集、录入、核查、复核中的职责分工（如主体提供基础信息、乡镇核查；主体录入过程信息、乡镇复核；乡镇录入监管信息、县区复核等），建立了"谁录入、谁负责"的责任体系和动态更新机制，为后续全面开展评价奠定信息基础。

4. 建立激励约束机制

重点实施信用评价结果应用的"四挂钩"机制，即与金融信贷（如A级以上主体授信和降低利息）、政策奖补（项目申报、资金扶持优先）、品牌建设（品牌授权、展销优先）、联合惩戒（对失信主体严格惩戒）深度绑定。明确差异化监管措施（如A级主体监管频次减半，C级主体翻倍），确保信用真正产生价值、形成约束。

（三）直面问题，着力破解重点难点

1. 聚焦指标落地与信息质量

多次组织专题会议，深入研究36项指标如何更精准、更高效地落地实施，让指标信息采集更简便、程序更简洁，如何确保试点主体填报信息的真实性、完整性和及时性，探讨更有效的现场核查与信息化验证手段，实现试点主体的精准画像。

2. 聚焦结果呈现与应用场景

主体信用评价结果如何更直观、更有效地展示给监管部门、生产主体、消费者和社会各界，如何进一步拓展"四挂钩"等结果应用场景，最大化释放信用价值，是试点工作成败的关键。目前，广元市发展和改革委员会已同意在信用中国（广元）平台设置"信用+农产品质量安全"专栏；并且已与人民银行初步达成金融扶持政策，对A级以上主体进行免担保授信和降低贷款利息。

3. 聚焦平台效能与用户体验

与"阳光农安"平台开发团队保持密切沟通，反复打磨平台操作流程和用户界面，力求简洁、高效、好用，让生产主体便于操作、易于记录，确保信用监管平台顺畅、主体使用简便。

四、湖州市：突出守信，激励应用与治理创新，大力推动农安信用体系建设工作[*]

近年来，湖州市根据中央一号文件和《浙江省食用农产品生产主体信用综合监管实施办法（试行）》等文件精神，精筹划、探新路、强推进，突出农产品生产主体信用分级归集共享与应用，突出以信用为基础的守信激励应用与治理创新，高标准、高水平推动农产品质量安全信用体系建设，努力形成褒扬诚信、惩戒失信的制度机制，进一步提高全市农产品质量安全水平，为全面推进乡村振兴夯实基础。

（一）聚焦"溯信本质"，提高"立信"站位

全面提升农产品质量安全信用体系建设谋划水平，强化农产品质量安全信用赋能，不断推进农产品质量安全信用体系建设向高质量发展。一是强化顶层设计。把农产品质量安全信用纳入湖州市委、市政府创建"国家社会信用体系建设示范城市"的一项硬性要求，充分发挥农产品质量安全信用在构建数字农业发展格局、推进网络化监管的支撑保障作用，扎实推进农产品质量安全信用工作。迭代优化农产品质量安全信用信息平台，加强数据应用，1798家包括农业龙头企业、农民经济合作社和家庭农场在内的"三类主体"信用档案与信息归集实现"全覆盖、无死角"。全面推进农产品质量安全信用培训、信用承诺、信用修复，信用联合奖惩，创新信用惠农助农服务，积极推开"农安信用+"应用场景。二是强化责任考核。深入实施《2021年湖州市社会信用体系建设工作考核办法》，强化信用建设主体责任，按照"分级负责""管行业必管

---

[*] 来源：湖州市农业农村局胡飞。

信用"的原则,把农产品质量安全信用考核纳入一类考核对象,纳入对区县的乡村振兴年度考核体系,分解细化工作任务,确保各项工作落地落实。三是强化信用宣传。充分利用微信、农民信箱、宣传栏等平台,广泛开展各类农产品质量安全信用知识宣传普及活动,使农产品质量安全、"农安信用+"深入人心。联合湖州市市场监督管理局、自然资源和规划局和湖州海关组织开展了"农安湖州,你我共监管"主题宣传培训活动,人民网、湖州电视台作跟踪报道。持续推进农产品质量安全诚信典型选树活动,引导广大主体树立"讲诚实、重信用、守规则"的农业新风尚,提高"三农"领域诚信意识和信用水平。

(二)实施"闭环监管",健全"评信"链路

探索构建闭环监管机制,将"评信、示信、修信"融为一体,形成有力震慑,增强农业主体守法自觉性。一是动态数据"评信"。在形成量化评分评级的基础上,结合日常的网格化监管、生产主体生产行为、监测检测数据、评优评奖情况等,融入省信用评价平台实现实时行业信用评级。目前,湖州农产品质量安全信用相关数据已全部纳入平台管理,实时动态更新。组建一支由绿色食品办公室成员、"三类主体"代表、农业标准行业专家组成的新队伍,以社会监督员的身份参与信用动态评价工作。二是依法公开"示信"。依法规范信用信息归集、共享、公开范围,打通省、市涉农经营主体信用信息数据流,依托"信用湖州"公众平台设置信用查询、信用动态、信用公示等栏目,将生产经营主体信用等级信息、行政许可和行政处罚"双公示"等信息及时向社会公布,畅通"12345"涉农投诉举报渠道,引导社会各界参与农产品质量安全信用监管。三是全力助推"修信"。加强农业生产经营主体权益保护。进一步完善信息查询日志和账户设立审查机制,牵头对湖州市农业农村

局五年内作出的行政处罚对象开展信用修复工作，举办农业生产经营主体信用修复培训班，为 18 家失信主体 20 个失信事项开展信用修复工作。

（三）依托"政策杠杆"，实施"用信"奖惩

注重在融入产业发展、拓宽服务渠道上做"加法"，优化农产品质量安全监管激励环境，加强对失信行为惩戒约束，努力形成奖优罚劣的良好信用监管格局。一是深化金融服务。联合中国农业银行湖州分行制定《关于进一步深化金融服务加快农产品质量安全信用体系建设的指导意见》，确保农业生产主体凭借良好信用等级享受贷款利率、额度等方面优惠，满足生产经营资金需求，农业生产主体凭借良好信用等级可贷到 300 万元生产经营资金。二是融合产业发展。将农产品质量安全监测结果与农产品质量安全信用相结合，实施与扶持补贴、评优评先、试点示范、创建认定、品牌推选工作"五挂钩"，对连续两年常规药品检测超标或发生 1 起检测出违禁药物的，一律取消其相应优惠政策，撤销农业主管部门授予的荣誉称号。三是推开奖惩激励。大力推动"信用+农业标准"推广示范应用，对信用度相对较高、农产品标准化生产绩效评价达到 A 级、B 级的生产主体，每个评价周期分别给予一次性 5 万元、3 万元奖励，并适当降低抽检比例和巡查检查频次。对列入严重失信名单的主体，不受抽查比例和频次限制，限制农业农村主管部门给予的行政便利措施。

第八章

县级农产品质量安全信用体系建设案例

◆ 本章导读

《农产品质量安全法》明确规定,县级以上人民政府农业农村等部门开展农产品质量安全信用体系建设是其法定职责,重点推动建立农产品生产经营者信用记录,记载行政处罚等信息,推进农产品质量安全信用信息的应用和管理等。在近年来地方试点推动中,县级层面涌现出许多农产品质量安全信用体系建设典型案例。例如,建德市通过数智引领,证信融合,奖惩联动,让农产品质量安全信用更实用;上海浦东新区实施农产品质量安全信用建设,探索出农产品质量安全监管新路径;青神县通过强化"三制四平台"建设,推动农资信用体系建设等。本章重点介绍县级层面推动农产品质量安全信用建设做法和创新举措。

一、建德市：数智引领，证信融合，奖惩联动，让农产品质量安全信用更实用*

近年来，建德市以提升农产品质量安全信用工作信息化水平为目标、以承诺达标合格证制度为抓手、以数字化改革为契机，创新模式、深度融合、数智赋能，扎实推进农产品质量安全信用体系建设，取得了阶段性成效。目前，建德市具有农产品质量安全信用等级的生产主体（户）有 663 家，其中 A 级 22 家、B 级 536 家、C 级 105 家。同时，建德市在草莓、鸡蛋、茶叶等产业上率先探索推行小微主体农产品质量安全信用小 c 等级。

（一）数智引领，打通农产品质量安全信用应用快车道

在浙江省数字化改革背景下，"建德数智草莓"平台的上线运行实现了建德草莓生产、销售、服务、监管等多跨应用场景，使"信用+服务"有机融合，上线后仅用半个月时间就快速复制到建德鸡蛋产业，开启农产品质量安全信用数智化应用高速通道。一是多跨协同，拓宽行业应用面。农业农村、税务等部门，银行、保险等机构，农产品、农资等

---

* 撰稿人：建德市农业农村局余红伟。

生产经营主体，入驻该平台提供应用支撑和服务。二是全程服务，提高用信加速度。覆盖种植养殖产前、产中、产后全过程，为生产者提供安全监测预警、畅通产销路径、专家全面指导、线上政策办理等优质服务，使生产主体在学习技术、采购农资、销售产品、获取贷款、办理保险、享受政策等方面实现"最多点一次"。三是阳光操作，增强信用生命力。通过"小草莓、大信用"农产品质量安全信用场景小故事，以通俗易懂的方式向生产主体解读科学规范建档、动态精准监管、系统自动评分、等级关联应用的模式，让农产品质量安全信用在阳光下运行，推动形成失信能及时惩戒、守信能及时褒奖的机制。

（二）证信融合，铺平农安信用主体共富路

在基地准出环节，对食用农产品采取"合格证+追溯"的形式，让农产品既有"身份证"又有"金名片"，为失信惩戒和守信激励提供载体。一是实行承诺达标合格证"3832"新模式。按照"要我这么做"向"我要这么做"再向"必须这么做"的思路，创新实施承诺达标合格证"3832"模式（三百经营主体、八类定制样式、三个追溯等级、两张合格证件），推动主体（户）从能用向会用、会用向好用、好用向愿用转变。其中，九仙生物的扎带合格证，已成为消费者信赖的小扎带。二是实行农户溯源管理新模式。将小c信用等级农户纳入建德鸡蛋、建德草莓、建德苞茶等公共品牌应用对象，小农户如同规模主体一样，使用"枚枚是信用，蛋蛋有承诺"的建德鸡蛋公共品牌。三是实行证信互融新模式。把农产品质量安全信用等级要素纳入电子合格证内容，扫描合格证二维码即可看到最新信用等级，通过"以证亮信，以信量证"真正实现"信用+合格证"的有机融合。

（三）奖惩联动，重塑农安信用运行新机制

出台建德市农产品质量安全信用联合奖惩十条措施，推动生产主体农产品质量安全逐步由被动监管向主动提升转变。一是重引导，让主体在"信用+应用"中得到认可。通过探索推行小微主体农安信用小 c 等级，小微主体成为农产品质量安全信用应用对象，促进了小微主体以重信用守承诺来规范种植养殖行为。在建德鸡蛋、苞茶、草莓等品牌包装中心，实施以农产品质量安全信用等级为核心的准入机制，通过市场倒逼生产主体重视信用。二是重激励，让主体在"信用+应用"中得到实惠。推荐农产品质量安全信用等级 B 级以上规模生产主体和 C 级以上示范性家庭农场参加省级农产品标准化生产绩效评价，建德市农业农村局和农商银行联合发布"共富农安贷"产品，截至 2021 年 9 月底，共为 211 家信用等级 B 级以上主体发放贷款 1.87 亿元，年度预计节省利息 405.75 万元。三是重监管，让主体在"信用+应用"中得到督促。根据主体农安信用分值变化、指标预警、信用等级情况，实施动态监管、精准监管、分级分类监管的新型监管模式。在产业核心区块推行"信用+区块网格"的监管模式，在公共品牌行业推行"信用+行业网格"的监管模式。

二、浦东新区：实施农安信用建设，努力走出农产品质量安全监管新路子[*]

浦东新区作为首批国家现代农业示范区、首批国家农产品质量安全县，通过近三年的试点建设，积极探索农产品质量安全信用体系建设，

---

[*] 来源：浦东新区农业农村局。

不断优化农产品安全监管模式,全力打造"市民最放心"的农产品质量安全区和"市场最欢迎"的农业品牌集聚区。

(一) 扎实基础"立信"

浦东新区在2015年实施以农资经营主体为重点的"农资经营单位信用评级"基础上,于2017年在全区范围内启动实施了农产品质量安全信用体系建设。具体体现在"五个1"。一是成立1个工作领导小组。成立以区农业农村委主要领导任组长,分管领导任副组长,相关单位和处室负责人、各镇分管领导为成员的农产品质量安全信用体系建设工作领导小组,为各项工作有序推进提供重要组织保障。二是出台1个实施方案。研究制定了《浦东新区推进农产品质量安全信用体系建设实施方案》,明确了以农业生产企业、农民专业合作社、家庭农场等农业生产主体为重点,开展诚信管理体系评价,为农产品质量安全信用建设扎实推进提供了制度保障。三是开发1个平台。基于农用地GIS信息系统、农产品质量安全追溯系统,开发了农业主体信用监管平台,为农产品质量安全信用高效推进提供了技术保障。在2018年上半年,全区1182家生产主体(其中农业企业185家、合作社467家、家庭农场530家)基本信息全部纳入平台管理。四是配套1个险种。为助力农产品质量安全信用建设,浦东安信保险分公司主动发挥金融助推产业风险管控职能,新研究开发了"农产品质量责任保险",并于2019年12月13日,正式通过银保监会审核,在全国属于首家,为农产品质量安全信用全面推进提供了安心保障。五是做好"1+N"宣传引导。启动实施了区级1个"体验浦东农业,共享优质安全"为主题的农产品质量安全体验活动,镇级N个条块结合的宣传培训引导活动,试水启动线下粉丝活动和线上直播相结合的网上直播活动,形成了农产品质量安全信用体系事关你我,社会各方共同参与的良好氛围。

（二）科学智能"评信"

在完成信用信息采集的基础上，全面开展了农业企业、合作社和家庭农场的信用评级工作，具体分两步走。一是固定评信。制定了涉及6大类14小项的信用量化评分表，依托镇监管员，按照一年一评一表的人工打分办法对1122家生产主体进行了等级评定。二是动态评信。随着"一网统管"应用场景综合性信息监管平台的建设和运用，在形成量化评分评级的基础上，结合日常的网格化监管、生产主体生产行为（如农药农资的购买、生产档案信息的记录上传等）、监测检测数据、评优获奖情况等，在平台上实现了动态智能化的实时行业信用评级。同时，系统平台及时抓取公共信用信息，让行业信用评级更具时效性和实效性。目前，浦东新区农安信用相关数据和信息已纳入全区大数据中心管理。

（三）广泛公开"示信"

在整个农产品质量安全信用推进过程中，一是对信用等级评定的结果，在上海城乡报、浦东时报、浦东农网、浦东"三农"微信等各类平台进行公示，广泛接受群众和社会监督。二是充分发挥社会监督作用，邀请安信保险公司，作为第三方，提前介入生产经营主体的资格审查、信用信息服务平台查询、保险保障的日常生产行为审核等，进一步延伸监管。三是动员社会力量，组建了一支由农协会成员、种养户代表、退休行业专家组成的新队伍，以社会监督员的身份参与到信用评价工作中。这支队伍的建立，一方面，弥补了政府监管部门在监管上的不足，通过明察暗访等形式，让诚信评级结果更加公正、公平、真实；另一方面，作为政府监管部门和监管对象之间的桥梁，有利于政府监管部门广泛听取意见和建议，建立健全内外部监督制约机制。

(四) 切实有效"用信"

"评信"的作用和价值在于"用信"。浦东新区通过线上线下联动，着力运用好农产品质量安全信用。在线上，做到农产品质量安全信用与合格证开具挂钩，对于 D 级单位，合格证打印后台将自动关闭打印功能，待信用恢复后再自动开放。在线下，一是依据信用评级结果，实施动态的分类监管和精细化管理，对守法经营信用好的 A 级经营单位减少执法检查频次，强化服务；对信用较好的 B 级经营单位的监管坚决不放松，强化宣传和管理；对信用低的 C 级和 D 级经营单位，实行"重点监管"，增加执法检查频次，对违法行为加大处罚的力度。二是将信用等级作为"放心基地"创建、推优评奖、加入农协会品牌联社等的前置性条件，这也为浦东新区打造成为"市民最放心"的农产品质量安全区和"市场最欢迎"的农产品品牌集聚区这一名片夯实了基础。

三、青神县：强化"三制四平台"推动农资信用体系建设[*]

青神县位于成都平原西南部，是蚕丛故里、中国竹编艺术之乡、中国椪柑之乡、全国农村改革试验区、中央农办"三农"政策基层联系县。近年来，青神县通过强化"三制四平台"，全力推动农资信用体系建设，成效明显。

(一) 推行"三制"，奖优罚差建立信用体系

一是在农资销售端推行"积分制"。青神县出台《"十二分制"农资

---

[*] 来源：青神县农业农村局。

管理办法》《农资经营监管扣分细则》，细化农资经营门店在台账管理、销售管理等5个方面23项扣分标准，以年度为累计记分周期，授予每户12分的考核分，围绕质量安全、农废回收等考核内容开展日常执法检查，将农资门店信用评价分为A、B、C三个等级，对记分周期内扣分1~8分、9~11分、12分的经销商，分别给予书面通报、停业整顿、吊销许可证等处罚。

二是在使用端推行"押金制"。青神县120家农资经营门店均配备电脑、扫码枪、回收桶，在销售农药时，收取不低于药品价值10%且不低于1元的包装废弃物回收押金，待农户交回农药包装废弃物时退还押金。销售、回收时系统均能记载信息，实现押金收退流程规范化和监管全程化。

三是在全行业推行"有偿制"。对门店形象佳、技术服务强、信誉评价优、废弃物回收率高的门店，每年评选3家"明星门店"宣传推广，每家奖励2000元；农资经营门店、种植大户、植保专合组织等交回农药包装废弃物时，给予1400元/吨奖励；对支持配合的新型经营主体优先享受国家相关项目扶持。

（二）搭建"四平台"，整合资源实现智慧监管

一是搭建"农药包装押金收退终端平台"。所有农资经营门店全覆盖安装终端，实现"一物一码"，实时收集销售数据、押金数据。二是搭建"农药销售管理信息平台"。直观呈现青神县农资经营门店分布和当日销售、押金执行、农药包装废弃物回收等情况。三是搭建"农药包装废弃物综合监管平台"，建立农药销售、包装回收、押金收退、清运处理等综合数据库。四是搭建"十二分制信用信息平台"，建立信用档案，全面掌握青神县农资经营门店信用等级，实时监测扣分记录，分项

统计扣分原因、整改情况,实现信用档案动态管理。

(三)实现"三转变",凸显农资信用管理新成效

自建成投运以来,"三制四平台"智慧监管系统,形成了对农资门店基本信息、生产信息、管理信息、信用信息全披露完整闭环智慧管理,大大提升了监管实效,主要体现在以下三大转变。

一是变"不好管"为"管得了"。以前监管有法度无手段,通过"十二分制"智慧化监管,可以对当日单个农资门店销售、押金执行、回收情况进行流向追踪和溯源倒查,这就为农业综合执法提供翔实的信息参考,并且采用书面通报、停业整顿、吊销许可证等处罚方式,实现有效监管全覆盖。二是变"管不好"为"智监管"。以前各门店监管高度依靠纸质台账,如今采用电子化手段倒逼农资经营门店规范化管理,提升了主体责任意识。监管平台每日录入信息上百条,建立了综合数据库,实时分析销售、回收对比数据、农药销售瓶袋比例、药物种类、扣分明细等,大数据分析能够及时反馈农资门店经营存在的问题,同时也为有效指导农户规范使用农业投入品打下基础。三是变"执行难"为"信用罚"。以前面对门店销售、管理不规范,缺乏治理手段,如今对违法违规行为"拳拳到肉"。

四、象山县:夯实农产品质量安全信用体系建设,助力全县农民增收、农业提质*

宁波市象山县有近 22 万农村人口,占全县总人口的 38% 以上,是共同富裕跑道上"扩中提底"的首要人群。近年来,象山县以农产品质

---

* 来源:象山县农业农村局。

量安全信用体系为抓手,助力农民增收、农业高质量发展,形成"一只橘"等一批标志性成果,开辟农村农民共富新路径。农产品质量安全信用相关经验做法在国家专题会议上作交流发言,相关信用创新做法在全省范围内获得推广应用。

(一)数字溯源,形成全产业链监管闭环

通过数字赋能农产品溯源管理,综合涉及生产、销售、监管、消费等多方信息,明确各环节品控责任,提升"红美人"等农业品牌的信用附加值。象山县依托宁波市农产品质量安全监管平台和象山县数字农业系统,包含全县700余家规模以上农产品生产主体,监管平台涵盖巡查管理、主体信息、追溯查询、检测记录等内容,实现农安信用信息实时采集,实时更新。对需要使用"象山柑橘"公用品牌的会员设置准入门槛,建立农产品质量安全追溯体系。鼓励农户使用追溯码自我加压管理,上传购置农资、农事活动、用药施肥等信息;政府监管执法人员录入巡查监管和产品检测等信息。

(二)守信激励,助力地域品牌融合发展

通过对高信用评级主体实施农保补贴等激励举措,鼓励农业生产主体自觉对标和维护农产品安全生产质量,通过成为地域品牌供应农户等方式,组团式建立质量联盟。通过定期开展农产品质量安全信用等级评定工作,全县523家规模以上生产主体中,获评A级的有113家、B级的有296家、C级的有106家、D级的有8家。推动建立农产品质量安全信用与农业项目申报、创优评比、品牌推荐、产品认证、农业展会等工作挂钩制度,建立前置审核机制。构建"农安信用+责任保险"激励机制。将农产品质量安全与"半岛味道"优质农产品品牌建设融合,构建

"品质提升品牌、品牌担保品质、优质激励优价"的正向推进机制。

(三) 金融护航，助力农产品生产经营

通过信贷、保险等金融手段，为农户正常经营生产需要和降低农业生产风险保驾护航。开展农户信用信息采集入户和共享应用，已采集入库14万户。开展农村"三信"评定，共荣获省级信用乡镇2个、信用村11个，均获得2000元~5000万元信用额度破解"三农"融资难题。开展农村"三位一体"金融模式，推进"整村批发、集中授信"等创新信贷业务，扩大"村民集团授信"及整村授信业务，村均授信额度达500万元。县政府与中国人保（PICC）合作推广"农产品质量安全责任保险"，农安信用B级以上的173个红美人柑橘农户投保"农产品质量安全责任保险"，财政补助50%保费，累计责任保额8650万元，为诚信农户保驾护航。

附 录

附录1 国务院关于建立完善守信联合激励和失信联合惩戒制度加快推进社会诚信建设的指导意见

国发〔2016〕33号

各省、自治区、直辖市人民政府,国务院各部委、各直属机构:

健全社会信用体系,加快构建以信用为核心的新型市场监管体制,有利于进一步推动简政放权和政府职能转变,营造公平诚信的市场环境。为建立完善守信联合激励和失信联合惩戒制度,加快推进社会诚信建设,现提出如下意见。

一、总体要求

(一)指导思想

全面贯彻党的十八大和十八届三中、四中、五中全会精神,深入贯彻习近平总书记系列重要讲话精神,按照党中央、国务院决策部署,紧紧围绕"四个全面"战略布局，牢固树立创新、协调、绿色、开放、共享的新发展理念，落实加强和创新社会治理要求，加快推进社会信用体系建设，加强信用信息公开和共享，依法依规运用信用激励和约束手段，构建政府、社会共同参与的跨地区、跨部门、跨领域的守信联合激励和失信联合惩戒机制，促进市场主体依法诚信经营，维护市场正常秩序，营造诚信社会环境。

(二) 基本原则

褒扬诚信，惩戒失信。充分运用信用激励和约束手段，加大对诚信主体激励和对严重失信主体惩戒力度，让守信者受益、失信者受限，形成褒扬诚信、惩戒失信的制度机制。

部门联动，社会协同。通过信用信息公开和共享，建立跨地区、跨部门、跨领域的联合激励与惩戒机制，形成政府部门协同联动、行业组织自律管理、信用服务机构积极参与、社会舆论广泛监督的共同治理格局。

依法依规，保护权益。严格依照法律法规和政策规定，科学界定守信和失信行为，开展守信联合激励和失信联合惩戒。建立健全信用修复、异议申诉等机制，保护当事人合法权益。

突出重点，统筹推进。坚持问题导向，着力解决当前危害公共利益和公共安全、人民群众反映强烈、对经济社会发展造成重大负面影响的重点领域失信问题。鼓励支持地方人民政府和有关部门创新示范，逐步将守信激励和失信惩戒机制推广到经济社会各领域。

二、健全褒扬和激励诚信行为机制

（三）多渠道选树诚信典型

将有关部门和社会组织实施信用分类监管确定的信用状况良好的行政相对人、诚信道德模范、优秀青年志愿者，行业协会商会推荐的诚信会员，新闻媒体挖掘的诚信主体等树立为诚信典型。鼓励有关部门和社会组织在监管和服务中建立各类主体信用记录，向社会推介无不良信用记录者和有关诚信典型，联合其他部门和社会组织实施守信激励。鼓励行业协会商会完善会员企业信用评价机制。引导企业主动发布综合信用承诺或产品服务质量等专项承诺，开展产品服务标准等自我声明公开，接受社会监督，形成企业争做诚信模范的良好氛围。

（四）探索建立行政审批"绿色通道"

在办理行政许可过程中，对诚信典型和连续三年无不良信用记录的行政相对人，可根据实际情况实施"绿色通道"和"容缺受理"等便利服务措施。对符合条件的行政相对人，除法律法规要求提供的材料外，部分申报材料不齐备的，如其书面承诺在规定期限内提供，应先行受理，加快办理进度。

（五）优先提供公共服务便利

在实施财政性资金项目安排、招商引资配套优惠政策等各类政府优惠政策中，优先考虑诚信市场主体，加大扶持力度。在教育、就业、创业、社会保障等领域对诚信个人给予重点支持和优先便利。在有关公共资源交易活动中，提倡依法依约对诚信市场主体采取信用加分等措施。

（六）优化诚信企业行政监管安排

各级市场监管部门应根据监管对象的信用记录和信用评价分类，注重运用大数据手段，完善事中事后监管措施，为市场主体提供便利化服务。对符合一定条件的诚信企业，在日常检查、专项检查中优化检查频次。

（七）降低市场交易成本

鼓励有关部门和单位开发"税易贷""信易贷""信易债"等守信激励产品，引导金融机构和商业销售机构等市场服务机构参考使用市场主体信用信息、信用积分和信用评价结果，对诚信市场主体给予优惠和便利，使守信者在市场中获得更多机会和实惠。

（八）大力推介诚信市场主体

各级人民政府有关部门应将诚信市场主体优良信用信息及时在政府网站和"信用中国"网站进行公示，在会展、银企对接等活动中重点推介诚信企业，让信用成为市场配置资源的重要考量因素。引导征信机构加强对市场主体正面信息的采集，在诚信问题反映较为集中的行业领域，对守信者加大激励性评分比重。推动行业协会商会加强诚信建设和行业自律，表彰诚信会员，讲好行业"诚信故事"。

三、健全约束和惩戒失信行为机制

（九）对重点领域和严重失信行为实施联合惩戒

在有关部门和社会组织依法依规对本领域失信行为作出处理和评价

基础上，通过信息共享，推动其他部门和社会组织依法依规对严重失信行为采取联合惩戒措施。重点包括：一是严重危害人民群众身体健康和生命安全的行为，包括食品药品、生态环境、工程质量、安全生产、消防安全、强制性产品认证等领域的严重失信行为。二是严重破坏市场公平竞争秩序和社会正常秩序的行为，包括贿赂、逃税骗税、恶意逃废债务、恶意拖欠货款或服务费、恶意欠薪、非法集资、合同欺诈、传销、无证照经营、制售假冒伪劣产品和故意侵犯知识产权、出借和借用资质投标、围标串标、虚假广告、侵害消费者或证券期货投资者合法权益、严重破坏网络空间传播秩序、聚众扰乱社会秩序等严重失信行为。三是拒不履行法定义务，严重影响司法机关、行政机关公信力的行为，包括当事人在司法机关、行政机关作出判决或决定后，有履行能力但拒不履行、逃避执行等严重失信行为。四是拒不履行国防义务，拒绝、逃避兵役，拒绝、拖延民用资源征用或者阻碍对被征用的民用资源进行改造，危害国防利益，破坏国防设施等行为。

（十）依法依规加强对失信行为的行政性约束和惩戒

对严重失信主体，各地区、各有关部门应将其列为重点监管对象，依法依规采取行政性约束和惩戒措施。从严审核行政许可审批项目，从严控制生产许可证发放，限制新增项目审批、核准，限制股票发行上市融资或发行债券，限制在全国股份转让系统挂牌、融资，限制发起设立或参股金融机构以及小额贷款公司、融资担保公司、创业投资公司、互联网融资平台等机构，限制从事互联网信息服务等。严格限制申请财政性资金项目，限制参与有关公共资源交易活动，限制参与基础设施和公用事业特许经营。对严重失信企业及其法定代表人、主要负责人和对失信行为负有直接责任的注册执业人员等实施市场和行业禁入措施。及时撤销严重失信企业及其法定代表人、负责人、高级管理人员和对失信行为负有直接责任的董事、股东等人员的荣誉称号，取消参加评先评优资格。

（十一）加强对失信行为的市场性约束和惩戒

对严重失信主体，有关部门和机构应以统一社会信用代码为索引，及时公开披露相关信息，便于市场识别失信行为，防范信用风险。督促有关企业和个人履行法定义务，对有履行能力但拒不履行的严重失信主体实施限制出境和限制购买不动产、乘坐飞机、乘坐高等级列车和席次、旅游度假、入住星级以上宾馆及其他高消费行为等措施。支持征信机构采集严重失信行为信息，纳入信用记录和信用报告。引导商业银行、证券期货经营机构、保险公司等金融机构按照风险定价原则，对严重失信主体提高贷款利率和财产保险费率，或者限制向其提供贷款、保荐、承销、保险等服务。

（十二）加强对失信行为的行业性约束和惩戒

建立健全行业自律公约和职业道德准则，推动行业信用建设。引导行业协会商会完善行业内部信用信息采集、共享机制，将严重失信行为记入会员信用档案。鼓励行业协会商会与有资质的第三方信用服务机构合作，开展会员企业信用等级评价。支持行业协会商会按照行业标准、行规、行约等，视情节轻重对失信会员实行警告、行业内通报批评、公开谴责、不予接纳、劝退等惩戒措施。

（十三）加强对失信行为的社会性约束和惩戒

充分发挥各类社会组织作用，引导社会力量广泛参与失信联合惩戒。

建立完善失信举报制度，鼓励公众举报企业严重失信行为，对举报人信息严格保密。支持有关社会组织依法对污染环境、侵害消费者或公众投资者合法权益等群体性侵权行为提起公益诉讼。鼓励公正、独立、有条件的社会机构开展失信行为大数据舆情监测，编制发布地区、行业信用分析报告。

（十四）完善个人信用记录，推动联合惩戒措施落实到人

对企事业单位严重失信行为，在记入企事业单位信用记录的同时，记入其法定代表人、主要负责人和其他负有直接责任人员的个人信用记录。在对失信企事业单位进行联合惩戒的同时，依照法律法规和政策规定对相关责任人员采取相应的联合惩戒措施。通过建立完整的个人信用记录数据库及联合惩戒机制，使失信惩戒措施落实到人。

四、构建守信联合激励和失信联合惩戒协同机制

（十五）建立触发反馈机制

在社会信用体系建设部际联席会议制度下，建立守信联合激励和失信联合惩戒的发起与响应机制。各领域守信联合激励和失信联合惩戒的发起部门负责确定激励和惩戒对象，实施部门负责对有关主体采取相应的联合激励和联合惩戒措施。

（十六）实施部省协同和跨区域联动

鼓励各地区对本行政区域内确定的诚信典型和严重失信主体，发起部省协同和跨区域联合激励与惩戒。充分发挥社会信用体系建设部际联

席会议制度的指导作用，建立健全跨地区、跨部门、跨领域的信用体系建设合作机制，加强信用信息共享和信用评价结果互认。

（十七）建立健全信用信息公示机制

推动政务信用信息公开，全面落实行政许可和行政处罚信息上网公开制度。除法律法规另有规定外，县级以上人民政府及其部门要将各类自然人、法人和其他组织的行政许可、行政处罚等信息在7个工作日内通过政府网站公开，并及时归集至"信用中国"网站，为社会提供"一站式"查询服务。涉及企业的相关信息按照企业信息公示暂行条例规定在企业信用信息公示系统公示。推动司法机关在"信用中国"网站公示司法判决、失信被执行人名单等信用信息。

（十八）建立健全信用信息归集共享和使用机制

依托国家电子政务外网，建立全国信用信息共享平台，发挥信用信息归集共享枢纽作用。加快建立健全各省（区、市）信用信息共享平台和各行业信用信息系统，推动青年志愿者信用信息系统等项目建设，归集整合本地区、本行业信用信息，与全国信用信息共享平台实现互联互通和信息共享。依托全国信用信息共享平台，根据有关部门签署的合作备忘录，建立守信联合激励和失信联合惩戒的信用信息管理系统，实现发起响应、信息推送、执行反馈、信用修复、异议处理等动态协同功能。各级人民政府及其部门应将全国信用信息共享平台信用信息查询使用嵌入审批、监管工作流程中，确保"应查必查""奖惩到位"。健全政府与征信机构、金融机构、行业协会商会等组织的信息共享机制，促进政务信用信息与社会信用信息互动融合，最大限度发挥守信联合激励和失信联合惩戒作用。

（十九）规范信用红黑名单制度

不断完善诚信典型"红名单"制度和严重失信主体"黑名单"制度，依法依规规范各领域红黑名单产生和发布行为，建立健全退出机制。在保证独立、公正、客观前提下，鼓励有关群众团体、金融机构、征信机构、评级机构、行业协会商会等将产生的"红名单"和"黑名单"信息提供给政府部门参考使用。

（二十）建立激励和惩戒措施清单制度

在有关领域合作备忘录基础上，梳理法律法规和政策规定明确的联合激励和惩戒事项，建立守信联合激励和失信联合惩戒措施清单，主要分为两类：一类是强制性措施，即依法必须联合执行的激励和惩戒措施；另一类是推荐性措施，即由参与各方推荐的，符合褒扬诚信、惩戒失信政策导向，各地区、各部门可根据实际情况实施的措施。社会信用体系建设部际联席会议应总结经验，不断完善两类措施清单，并推动相关法律法规建设。

（二十一）建立健全信用修复机制

联合惩戒措施的发起部门和实施部门应按照法律法规和政策规定明确各类失信行为的联合惩戒期限。在规定期限内纠正失信行为、消除不良影响的，不再作为联合惩戒对象。建立有利于自我纠错、主动自新的社会鼓励与关爱机制，支持有失信行为的个人通过社会公益服务等方式修复个人信用。

（二十二）建立健全信用主体权益保护机制

建立健全信用信息异议、投诉制度。有关部门和单位在执行失信联合惩戒措施时主动发现、经市场主体提出异议申请或投诉发现信息不实的，应及时告知信息提供单位核实，信息提供单位应尽快核实并反馈。联合惩戒措施在信息核实期间暂不执行。经核实有误的信息应及时更正或撤销。因错误采取联合惩戒措施损害有关主体合法权益的，有关部门和单位应积极采取措施恢复其信誉、消除不良影响。支持有关主体通过行政复议、行政诉讼等方式维护自身合法权益。

（二十三）建立跟踪问效机制

各地区、各有关部门要建立完善信用联合激励惩戒工作的各项制度，充分利用全国信用信息共享平台的相关信用信息管理系统，建立健全信用联合激励惩戒的跟踪、监测、统计、评估机制并建立相应的督查、考核制度。对信用信息归集、共享和激励惩戒措施落实不力的部门和单位，进行通报和督促整改，切实把各项联合激励和联合惩戒措施落到实处。

五、加强法规制度和诚信文化建设

（二十四）完善相关法律法规

继续研究论证社会信用领域立法。加快研究推进信用信息归集、共享、公开和使用，以及失信行为联合惩戒等方面的立法工作。按照强化信用约束和协同监管要求，各地区、各部门应对现行法律、法规、规章和规范性文件有关规定提出修订建议或进行有针对性的修改。

(二十五)建立健全标准规范

制定信用信息采集、存储、共享、公开、使用和信用评价、信用分类管理等标准。确定各级信用信息共享平台建设规范,统一数据格式、数据接口等技术要求。各地区、各部门要结合实际,制定信用信息归集、共享、公开、使用和守信联合激励、失信联合惩戒的工作流程和操作规范。

(二十六)加强诚信教育和诚信文化建设

组织社会各方面力量,引导广大市场主体依法诚信经营,树立"诚信兴商"理念,组织新闻媒体多渠道宣传诚信企业和个人,营造浓厚社会氛围。加强对失信行为的道德约束,完善社会舆论监督机制,通过报刊、广播、电视、网络等媒体加大对失信主体的监督力度,依法曝光社会影响恶劣、情节严重的失信案件,开展群众评议、讨论、批评等活动,形成对严重失信行为的舆论压力和道德约束。通过学校、单位、社区、家庭等,加强对失信个人的教育和帮助,引导其及时纠正失信行为。加强对企业负责人、学生和青年群体的诚信宣传教育,加强会计审计人员、导游、保险经纪人、公职人员等重点人群以诚信为重要内容的职业道德建设。加大对守信联合激励和失信联合惩戒的宣传报道和案例剖析力度,弘扬社会主义核心价值观。

(二十七)加强组织实施和督促检查

各地区、各有关部门要把实施守信联合激励和失信联合惩戒作为推进社会信用体系建设的重要举措,认真贯彻落实本意见并制定具体实施方案，切实加强组织领导，落实工作机构、人员编制、项目经费等必要保障，确保各项联合激励和联合惩戒措施落实到位。鼓励有关地区和部门先行先试，通过签署合作备忘录或出台规范性文件等多种方式，建立长效机制，不断丰富信用激励内容，强化信用约束措施。国家发展改革委要加强统筹协调，及时跟踪掌握工作进展，督促检查任务落实情况并报告国务院。

国务院
2016 年 5 月 30 日

附录2 中共中央办公厅 国务院办公厅印发《关于推进社会信用体系建设高质量发展促进形成新发展格局的意见》

完善的社会信用体系是供需有效衔接的重要保障，是资源优化配置的坚实基础，是良好营商环境的重要组成部分，对促进国民经济循环高效畅通、构建新发展格局具有重要意义。为推进社会信用体系建设高质量发展，促进形成新发展格局，现提出如下意见。

一、总体要求

（一）指导思想

以习近平新时代中国特色社会主义思想为指导，深入贯彻党的十九大和十九届历次全会精神，坚持系统观念，统筹发展和安全，培育和践行社会主义核心价值观，扎实推进信用理念、信用制度、信用手段与国民经济体系各方面各环节深度融合，进一步发挥信用对提高资源配置效率、降低制度性交易成本、防范化解风险的重要作用，为提升国民经济体系整体效能、促进形成新发展格局提供支撑保障。

（二）工作要求

立足经济社会发展全局，整体布局、突出重点，有序推进各地区各行业各领域信用建设。积极探索创新，运用信用理念和方式解决制约经济社会运行的难点、堵点、痛点问题。推动社会信用体系建设全面纳入法治轨道，规范完善各领域各环节信用措施，切实保护各类主体合法权益。充分调动各类主体积极性创造性，发挥征信市场积极作用，更好发挥政府组织协调、示范引领、监督管理作用，形成推进社会信用体系建设高质量发展合力。

二、以健全的信用机制畅通国内大循环

（三）强化科研诚信建设和知识产权保护

全面推行科研诚信承诺制，加强对科研活动全过程诚信审核，提升科研机构和科研人员诚信意识。依法查处抄袭、剽窃、伪造、篡改等违背科研诚信要求的行为，打击论文买卖"黑色产业链"。健全知识产权保护运用体制，鼓励建立知识产权保护自律机制，探索开展知识产权领域信用评价。健全知识产权侵权惩罚性赔偿制度，加大对商标抢注、非正常专利申请等违法失信行为的惩戒力度，净化知识产权交易市场。

（四）推进质量和品牌信用建设

深入实施质量提升行动，强化计量、标准、认证认可、检验检测等方面诚信要求，扩大国内市场优质产品和服务供给，提升产业链供应链安全可控水平。开展中国品牌创建行动，推动企业将守法诚信要求落实到生产经营各环节，加强中华老字号和地理标志保护，培育一大批诚信经营、守信践诺的标杆企业。

（五）完善流通分配等环节信用制度

准确评判信用状况，提升资源配置使用效率。加快建设覆盖线上线

下的重要产品追溯体系。健全市场主体信誉机制，提升企业合同履约水平。实行纳税申报信用承诺制，提升纳税人诚信意识。依法打击骗取最低生活保障金、社会保险待遇、保障性住房等行为。建立社会保险领域严重失信主体名单制度。推进慈善组织信息公开，建立慈善组织活动异常名录，防治诈捐、骗捐，提升慈善组织公信力。依法惩戒拖欠农民工工资等失信行为，维护农民工合法权益。

（六）打造诚信消费投资环境

鼓励探索运用信用手段释放消费潜力，在医疗、养老、家政、旅游、购物等领域实施"信用+"工程。依法打击制假售假、违法广告、虚假宣传等行为，加强预付费消费监管，对侵害消费者权益的违法行为依法进行失信联合惩戒；对屡禁不止、屡罚不改的，依法实施市场禁入。加强法治政府、诚信政府建设，在政府和社会资本合作、招商引资等活动中依法诚信履约，增强投资者信心。建立健全政府失信责任追究制度，完善治理拖欠账款等行为长效机制。推广涉企审批告知承诺制。加强司法公信建设，加大推动被执行人积极履行义务力度，依法惩治虚假诉讼。

（七）完善生态环保信用制度

全面实施环保、水土保持等领域信用评价，强化信用评价结果共享运用。深化环境信息依法披露制度改革，推动相关企事业单位依法披露环境信息。聚焦实现碳达峰碳中和要求，完善全国碳排放权交易市场制度体系，加强登记、交易、结算、核查等环节信用监管。发挥政府监管和行业自律作用，建立健全对排放单位弄虚作假、中介机构出具虚假报告等违法违规行为的有效管理和约束机制。

（八）加强各类主体信用建设

围绕市场经济运行各领域各环节，对参与市场活动的企业、个体工商户、社会组织、机关事业单位以及自然人等各类主体，依法加强信用建设。不断完善信用记录，强化信用约束，建立健全不敢失信、不能失信、不想失信长效机制，使诚实守信成为市场运行的价值导向和各类主体的自觉追求。

三、以良好的信用环境支撑国内国际双循环相互促进

（九）优化进出口信用管理

引导外贸企业深耕国际市场，加强品牌、质量建设。高水平推进"经认证的经营者"（AEO）国际互认合作；高质量推进海关信用制度建设，推动差别化监管措施落实，提升高级认证企业"获得感"；建立进出口海关监管领域信用修复和严重失信主体名单制度，打造诚实守信的进出口营商环境。用足用好出口退税、出口信用保险等外贸政策工具，适度放宽承保和理赔条件。

（十）加强国际双向投资及对外合作信用建设

贯彻实施外商投资法及其实施条例，健全外商投资准入前国民待遇加负面清单管理制度，保护外商投资合法权益，加大知识产权保护国际合作力度，保持和提升对外商投资的吸引力。加强对外投资、对外承包工程、对外援助等领域信用建设，加强信用信息采集、共享、应用，推

广应用电子证照，完善守信激励和失信惩戒措施，进一步规范市场秩序。完善境外投资备案核准制度，优化真实性合规性审核，完善对外投资报告制度，完善对外承包工程项目备案报告管理和特定项目立项管理，将违法违规行为列入信用记录，加强事前事中事后全链条监管。

（十一）积极参与信用领域国际治理

积极履行同各国达成的多边和双边经贸协议，按照扩大开放要求和我国需要推进修订法律法规。在信用领域稳步拓展规则、规制、管理、标准等制度型开放，服务高质量共建"一带一路"，为推动构建更加公正合理的国际治理体系贡献中国智慧、提供中国方案。

四、以坚实的信用基础促进金融服务实体经济

（十二）创新信用融资服务和产品

发展普惠金融，扩大信用贷款规模，解决中小微企业和个体工商户融资难题。加强公共信用信息同金融信息共享整合，推广基于信息共享和大数据开发利用的"信易贷"模式，深化"银税互动""银商合作"机制建设。鼓励银行创新服务制造业、战略性新兴产业、"三农"、生态环保、外贸等专项领域信贷产品，发展订单、仓单、保单、存货、应收账款融资和知识产权质押融资。规范发展消费信贷。

（十三）加强资本市场诚信建设

进一步夯实资本市场法治和诚信基础，健全资本市场诚信档案，增强信用意识和契约精神。压实相关主体信息披露责任，提升市场透明度。

建立资本市场行政许可信用承诺制度,提高办理效率。督促中介服务机构勤勉尽责,提升从业人员职业操守。严格执行强制退市制度,建立上市公司优胜劣汰的良性循环机制。加强投资者权益保护,打造诚实守信的金融生态环境。

(十四)强化市场信用约束

充分发挥信用在金融风险识别、监测、管理、处置等环节的作用,建立健全"早发现、早预警、早处置"的风险防范化解机制。支持金融机构和征信、评级等机构运用大数据等技术加强跟踪监测预警,健全市场化的风险分担、缓释、补偿机制。坚持"严监管、零容忍",依法从严从快从重查处欺诈发行、虚假陈述、操纵市场、内幕交易等重大违法案件,加大对侵占挪用基金财产行为的刑事打击力度。健全债务违约处置机制,依法严惩逃废债行为。加强网络借贷领域失信惩戒。完善市场退出机制,对资不抵债失去清偿能力的企业可依法破产重整或清算,探索建立企业强制退出制度。

五、以有效的信用监管和信用服务提升全社会诚信水平

(十五)健全信用基础设施

统筹推进公共信用信息系统建设。加快信用信息共享步伐,构建形成覆盖全部信用主体、所有信用信息类别、全国所有区域的信用信息网络,建立标准统一、权威准确的信用档案。充分发挥"信用中国"网站、国家企业信用信息公示系统、事业单位登记管理网站、社会组织信

用信息公示平台的信息公开作用。进一步完善金融信用信息基础数据库，提高数据覆盖面和质量。

（十六）创新信用监管

加快健全以信用为基础的新型监管机制。建立健全信用承诺制度。全面建立企业信用状况综合评价体系，以信用风险为导向优化配置监管资源，在食品药品、工程建设、招标投标、安全生产、消防安全、医疗卫生、生态环保、价格、统计、财政性资金使用等重点领域推进信用分级分类监管，提升监管精准性和有效性。深入开展专项治理，着力解决群众反映强烈的重点领域诚信缺失问题。

（十七）培育专业信用服务机构

加快建立公共信用服务机构和市场化信用服务机构相互补充、信用信息基础服务与增值服务相辅相成的信用服务体系。在确保安全前提下，各级有关部门以及公共信用服务机构依法开放数据，支持征信、评级、担保、保理、信用管理咨询等市场化信用服务机构发展。加快征信业市场化改革步伐，培育具有国际竞争力的信用评级机构。加强信用服务市场监管和行业自律，促进有序竞争，提升行业诚信水平。

（十八）加强诚信文化建设

大力弘扬社会主义核心价值观，推动形成崇尚诚信、践行诚信的良好风尚。引导行业协会商会加强诚信自律，支持新闻媒体开展诚信宣传和舆论监督，鼓励社会公众积极参与诚信建设活动。深化互联网诚信建设。依法推进个人诚信建设，着力开展青少年、企业家以及专业服务机构与中介服务机构从业人员、婚姻登记当事人等群体诚信教育，加强定向医学生、师范生等就业履约管理。强化信用学科建设和人才培养。

六、加强组织实施

(十九) 加强党的领导

坚持和加强党对社会信用体系建设工作的领导。按照中央统筹、省负总责、市县抓落实的总体要求,建立健全统筹协调机制,将社会信用体系建设纳入高质量发展综合绩效评价,确保各项任务落实到位。国家发展改革委、中国人民银行要加强统筹协调,各有关部门和单位要切实履行责任,形成工作合力。

(二十) 强化制度保障

加快推动出台社会信用方面的综合性、基础性法律,修订《企业信息公示暂行条例》等行政法规。鼓励各地结合实际在立法权限内制定社会信用相关地方性法规。建立健全信用承诺、信用评价、信用分级分类监管、信用激励惩戒、信用修复等制度。完善信用标准体系。

(二十一) 坚持稳慎适度

编制全国统一的公共信用信息基础目录和失信惩戒措施基础清单,准确界定信用信息记录、归集、共享、公开范围和失信惩戒措施适用范围。根据失信行为性质和严重程度,采取轻重适度的惩戒措施,确保过惩相当。

(二十二) 推进试点示范

统筹抓好社会信用体系建设示范区创建工作,重点在构建以信用为基础的新型监管机制、信用促进金融服务实体经济、完善信用法治等方面开展实践探索。鼓励各地区各有关部门先行先试,及时总结推广典型做法和成功经验。

(二十三) 加强安全保护

严格落实信息安全保护责任,规范信用信息查询使用权限和程序,加强信用领域信息基础设施安全管理。依法保护国家秘密、商业秘密。贯彻实施个人信息保护法等法律法规,维护个人信息合法权益。依法监管信用信息跨境流动,防止信息外流损害国家安全。

附录3 2024—2025年社会信用体系建设行动计划

为深入贯彻落实党中央、国务院关于推进社会信用体系建设决策部署，进一步推动社会信用体系建设高质量发展，现就2024—2025年重点工作制定以下行动计划。

一、提升信用建设法治化规范化水平

（一）建立健全信用法规制度

加快推动出台《社会信用建设法》。推动省级信用立法全覆盖。定期更新全国公共信用信息基础目录和失信惩戒措施基础清单。推动已有设立依据的领域出台严重失信主体名单管理办法，强化名单信息共享，提高名单的权威性和威慑力。规范信用信息查询使用的权限和程序，依法保护信用主体合法权益。

（二）强化社会信用体系统筹规划

坚持问题导向，出台《关于健全中国特色社会信用体系的意见》，进一步明确社会信用体系的内涵、目标、任务和制度框架。

（三）完善统一社会信用代码机制

推动解决重复赋码、一码多赋等重错码问题。进一步明确各类主体的赋码权责，完善赋码部门与国家代码中心的数据共享与校核机制。推动统一社会信用代码作为唯一标识在各领域的广泛应用。将统一社会信用代码信息纳入全国信用信息共享平台，实现动态更新代码库。

二、统筹推进信用基础设施建设

（四）优化信用信息平台功能

强化全国信用信息共享平台信用信息归集共享"总枢纽"功能，形成覆盖全部信用主体、所有信用信息类别、全国所有区域的信用信息网络。加快全国信用信息共享平台三期建设，进一步优化信用数据治理和数据管理体系，全面提升信用信息质量，形成高质量信用数据资源库。持续升级"信用中国"网站功能，发挥集中公示各类信用信息的"主渠道"作用，提升信用报告查询使用体验。

（五）加快地方融资信用服务平台整合

原则上一个省份只保留一个省级平台，市级、县级设立的平台不超过一个，整合后的平台应当具有唯一名称、唯一运营主体。将地方平台全部纳入全国一体化平台网络实行清单式管理。完善全国一体化平台网络标准体系和管理规范。

（六）发挥国家企业信用信息公示系统在市场监管领域作用

深化市场监管领域信用信息共享应用，健全信用信息目录和标准体系，完善市场监管领域事前信用核查和信用承诺、事中信用评价和分级分类、事后信用奖惩和信用修复的全链条信用管理体系。

（七）加强信息安全保障

树牢信息安全的责任意识和底线意识，明确信息共享安全责任边界。做好网络安全等级保护备案及定期测评工作。全面加强数据安全保护工作，健全网络和数据安全保护体系，提升纵深防护与综合防御能力。加强数据要素可信流通安全保障，加强对违法违规收集、篡改及泄露公共信用信息行为的监控，加强个人隐私、商业秘密的保护。

三、强化信用信息共享应用

（八）着力提升信用信息共享质效

围绕企业登记、司法、税务、海关、金融、知识产权等重要领域，健全落地数据共享机制，建立标准统一、权威准确的信用记录。完善加强信用信息共享应用促进中小微企业融资工作协调机制，确保高效高质完成信用信息归集共享清单任务，适时对清单进行更新，拓展归集共享范围。加强数据质量协同治理，开展信用信息共享质效评估。

（九）深化信用信息开发应用

推动融资信用服务平台与金融机构建立信用信息归集加工联合实验室，开展数据挖掘和联合建模，进一步提升中小微企业融资服务效能。开展"信易贷"专项产品试点。制定信用信息共享平台授权运营管理办法。

（十）推动信用便民惠企

鼓励地方探索依托"信用分"拓展守信激励场景应用，推动在医疗、托育、养老、家政、旅游、购物、出行等重点领域实施"信用+"工程。全面推广信用报告代替无违法违规证明。组织开展"诚信兴商宣传月"活动，全力营造良好营商和消费环境。

四、提升信用监管效能

（十一）强化信用分级分类监管

构建以公共信用综合评价为基础、以行业信用评价为重点的企业信用状况综合评价体系，加快制定评价国家标准和制度规范，推动评价信息有序共享和高效利用，为完善以信用为基础的监管机制提供支撑。相关部门建立健全本领域的信用分级分类监管机制。

（十二）提升信用承诺水平

分领域进一步推广信用承诺制，加强承诺履行情况跟踪核查，完善信用承诺归集标准，将履约践诺情况纳入相关主体的信用记录。

（十三）建立健全统一规范、协同共享、科学高效的信用修复机制

研究规范信用信息公示和修复渠道，统筹优化失信信息分类标准和修复规则。加快推动"信用中国"网站与各行业部门系统协同联动，加强对第三方信用服务机构的监督和指导。

五、加快推进重点领域信用建设

（十四）全面推进政务诚信建设

完善政府诚信履约机制，畅通政府违约失信投诉渠道，全面健全政务信用记录，探索建立政务诚信监测评估机制。发挥信用助力清理拖欠企业账款的积极作用，依法依规将失信惩戒落到实处。

（十五）完善合同履约监管机制

推动地方在能源中长期合同、公共资源交易、招标投标等领域开展合同履约信用监管试点，完善国家"诚信履约保障平台"建设，推动实现"地方－国家"合同履约信息共享和监测，提高合同履约的透明度和监管效率。

（十六）探索重点人群信用体系建设

围绕公务员、律师、家政从业人员、金融从业人员等重点职业人群，探索建立和完善个人信用记录形成机制，及时归集有关人员在相关活动中形成的信用信息。依托全国信用信息共享平台，逐步建立跨区域、跨部门、跨行业重点职业人群公共信用信息的互联、互通、互查机制。

（十七）加强城市信用建设

持续开展城市信用状况监测，完善监测指标体系，拓展监测覆盖范围。加强对社会信用体系示范区的指导督促，研究制定示范区后评价指标体系，建立后评价机制，对示范区名单进行动态调整。

附录4 农业部关于加快推进农产品质量安全信用体系建设的指导意见

各省、自治区、直辖市及计划单列市农业（农牧、农村经济）、农机、畜牧兽医、农垦、农产品加工、渔业厅（局、委），新疆生产建设兵团农业（水产）局，各有关行业协会：

为贯彻落实《社会信用体系建设规划纲要（2014—2020年）》，稳步推进农产品质量安全信用体系建设，努力提高农产品质量安全水平，保障广大人民群众的身体健康和消费安全，现就推进农产品质量安全信用体系建设提出如下意见。

一、推进农产品质量安全信用体系建设的重要意义

民以食为天，食以安为先，农产品是食品的源头，其质量安全备受社会关注，党中央、国务院一直高度重视，做出了一系列重要部署，2014年中央农村工作会议上，习近平总书记对保障农产品质量和食品安全提出了更高的要求。推进农产品质量安全信用体系建设，是强化农产品质量安全监管的重要措施，也是保障人民群众身体健康、促进农业"转方式、调结构"的迫切需要，有利于提高农业生产经营主体的责任意识、诚信意识和自律意识，有利于发挥市场调控作用，有利于提升农产品质量安全监管效能。

当前，我国农产品质量安全信用体系还不健全，一些生产经营者诚信意识淡薄，制假售假、违规使用投入品、非法添加使用禁用物质等问

题仍然比较突出，严重损害了广大人民群众的切身利益，打击了消费者的消费信心，也削弱了我国农产品在国际市场上的竞争力，近年来发生的一系列农产品质量安全事件都暴露出农产品质量安全信用缺失问题。加快推进我国农产品质量安全信用体系建设，具有重大而深远的现实意义。

在新的历史条件下，各级农业行政主管部门要充分认识做好农产品质量安全信用体系建设工作的紧迫性和使命感，做好组织、指导、协调和保障工作，积极推进农产品质量安全信用体系建设。

二、指导思想和目标原则

（一）指导思想

全面学习贯彻党的十八大、十八届三中、四中全会精神和习近平总书记系列重要讲话精神，按照《社会信用体系建设规划纲要（2014—2020）》的要求，以信息系统建设和信息记录共享为基础，以农业投入品生产经营企业、农产品生产企业、农民合作社、种植养殖大户为重点，以建立守信激励和失信惩戒机制为核心，强化生产经营主体诚信自律，营造诚信守法的良好社会氛围，全面提升农产品质量安全诚信意识和信用水平。

（二）主要目标

到 2020 年，农产品质量安全信用体系基本建成，重点生产经营主体的信用信息基本实现全覆盖，守信激励和失信惩戒机制有力有效，信用体系在保障农产品质量安全上发挥重要的基础性作用，农产品质量安全水平明显提升，消费者对农产品质量安全的满意度大幅提高。

（三）重点领域

农产品质量安全信用体系建设的重点是农业投入品和农产品两个领域，农业投入品领域的重点是种子、农药、肥料、兽药、饲料等生产经营单位，农产品领域的重点是农产品生产企业、农民合作社、种植养殖大户、收购贮运企业、屠宰企业等生产经营单位。

（四）基本原则

1. 统筹规划，突出重点。针对农产品质量安全信用体系建设的长期性、系统性和复杂性，强化顶层设计，立足当前，着眼长远，条块结合，统筹规划，同时突出重点领域、重点环节和重点行为，集中力量，有针对性地组织实施。

2. 部门推动，社会共建。各级农业行政主管部门要积极组织、引导、监督、协调。各行业协会要发挥专业性、指导性强的优势，推动农产品质量安全信用体系建设快速发展。完善市场机制，鼓励和调动社会力量，形成广泛参与、共同推进的建设格局。

3. 健全制度，规范发展。建立健全农产品质量安全信用体系建设的规章制度和标准体系，加强信用信息管理，规范信用服务体系建设，促进上下级农业部门与其他部门的信息共享和互联互通，健全农产品质量安全信用奖惩联动机制，营造诚实、自律、守信、互信的社会信用环境。

4. 积极创新，加快推进。充分发挥基层及各行业协会的首创精神，鼓励和支持探索创新推进信用体系建设的有效措施和模式，不断总结推广，加快我国农产品质量安全信用体系建设步伐。

三、主要任务

(一) 深入推进信用信息系统建设

各级农业行政主管部门要在本级政府的统一领导下,利用现有的农业信息化项目,完善、整合农产品质量安全信用信息,与本地统一的信用信息共享平台加强数据对接,及时传送农产品质量安全信用信息,加快构建信用信息共享机制。要以数据标准化和应用标准化为原则,进一步充实完善相关信用信息,实现信用记录电子化存储,推进行业间信用信息互联互通,提高主体信用信息的透明度。

(二) 完善信用信息记录

各级农业行政主管部门要把行政处罚、行政许可和监管情况作为信用信息的重点内容,实行信用信息动态管理、专人记录、及时更新,保证所采集信用信息的真实性和及时性,提升信息的严肃性和权威性。要依法做好农产品质量安全领域的征信工作,及时公布农资生产经营主体及产品的审批、撤销、注销、吊销等有关信息。鼓励和指导第三方征信机构、行业协会依法开展征信工作。要在保护商业秘密和数据及时准确的前提下,加强与食品药品、工商、质监、税务、知识产权、商务流通等行业信用信息的交换共享,实现多部门信息联享、信用联评、奖惩联动,逐步形成主体全覆盖的信用信息网络。

(三) 强化企业和行业的诚信责任

各级农业行政主管部门要督促生产经营主体落实诚信责任,强化自律意识，实行质量安全承诺制度，严格遵守农产品质量安全相关法律法规，依法建立生产记录和进销货台账，实行索证索票制度，规范生产经营行为，提高自我约束能力，杜绝使用禁用农兽药和非法添加物，严格执行农兽药休药间隔期，建立内部职工诚信考核与评价制度。要深入开展农产品质量安全专项整治，坚决打击失信行为，积极树立诚信风尚。要引导农资和农产品生产经营主体成立行业协会，健全组织体系和治理结构。要督促行业协会加强自律，进一步完善组织章程，制定行业自律规则并监督会员遵守，加强会员诚信宣传教育和培训，在自愿基础上，通过各种方式征集会员的信用信息，积极开展非营利性信用等级评价。

（四）完善信用体系运行机制

一是加强农产品质量安全信用制度建设。各级农业行政主管部门要在已有工作基础上，及时总结经验做法，逐步实现信用体系运行的制度化、规范化。要围绕信用信息采集、动态管理、失信黑名单披露、市场禁入和退出、失信行为有奖举报、跨部门跨地区信用联合奖惩等内容，健全完善规章制度，推进信用信息在采集、共享、使用、公开等环节的规范管理，保障农产品质量安全信用体系有效运行。

二是建立信用信息披露机制。县级以上农业行政主管部门要按照客观、真实、准确的原则，依法披露相对人违法失信和守法诚信等信息。严格执行《农业行政处罚案件信息公开办法》，依法公开行政处罚案件信息。对吊销许可证的行政处罚，要依法注销相关许可证件并予公告，需要吊销营业执照的应当函告工商管理部门。

三是健全守信激励机制。各级农业行政主管部门对诚信守法的生产经营主体实行项目优先、政策倾斜、审批优先、评先评优、先进模范等奖励激励措施，对其在信贷申请、政策咨询、技术服务等方面提供帮助。

支持和鼓励有实力、信誉好、讲诚信的名优农资企业、农资服务合作社直接到乡村设立经营网点，提高其市场占有率。树立诚实守信的先进典型，提高其社会声誉，形成品牌效应。

四是完善失信惩戒机制。各级农业行政主管部门在现有行政处罚措施的基础上，加大对失信主体的惩戒力度，建立"黑名单"制度和市场退出机制，逐步使信用状况成为各类准入门槛的基本内容。对失信主体实行重点监管，扩大产品抽检范围，提高抽检频次。对造成恶劣影响的重大失信违法行为，依法从严惩处，并向社会公开曝光，公示失信违法主体，使其丧失信誉，形成强大舆论压力。建立部门间联合惩戒机制，加大惩戒力度，让失信者一处失信，处处受限。要通过惩戒机制使生产经营单位不愿失信、不敢失信、不能失信。各有关行业协会对违规失信的成员，要按照情节轻重实行警告、行业内通报批评、公开谴责、责令退出等惩戒措施，并将相关违法线索报告行政主管部门。

五是建立信用监督机制。各级农业行政主管部门要采取多种方式，强化信用监督，推进社会共治。邀请各级人大代表、政协委员深入到生产经营单位进行明察暗访，提出指导意见，督促整改存在的问题。鼓励广大群众通过政务微博、"12316"举报电话、电子信箱等渠道，监督举报失信违规行为。对媒体曝光的失信违规行为，各级农业行政主管部门要及时调查处理。

（五）努力营造诚信守法的良好氛围

各级农业行政主管部门要把诚信教育与行业管理有机结合，在核发许可证、日常监管等工作中强化对主体的诚信教育和宣传引导。充分利用阳光工程、农村实用人才培训、基层农业技术推广和其他专业培训等途径，加大诚信教育力度。引导农资和农产品生产经营主体树立企业诚信文化理念，提高管理者的诚信文化素质，形成以诚实守信为核心的质量安全文化。充分发挥电视、广播、报纸、网络等媒体的宣传引导作用，树立诚信典范，使全行业学有榜样、赶有目标。重点组织开展"放心农资下乡进村宣传周"、"3·15"消费者权益保护日、"12·4"全国法制宣传日等公益活动，突出诚信主题，努力营造"诚信光荣，失信可耻"的舆论氛围，让诚实守信的意识和观念深入人心。

四、保障措施

（一）强化组织保障

各级农业行政主管部门要高度重视农产品质量安全信用体系建设，强化组织领导，完善制度措施，加快推进本地区、本行业信用体系建设工作。要成立本地区、本行业的农产品质量安全信用体系建设推进工作小组，及时研究有关重大问题，指导、协调、推进本地区、本行业农产品质量安全信用体系建设工作，督促各项建设任务落实到位，确保信用体系建设顺利进行。要充分发挥行业协会的作用，借助其专业性强、组织化程度高、与生产经营者联系紧密的优势，合力推动行业质量安全信用体系建设快速发展。

（二）强化责任落实

各级农业行政主管部门要按照指导意见的总体目标和主要任务，根据职责分工和工作实际，制定《规划纲要》的具体落实方案，作出周密部署安排，确保任务落实到位。要定期对本地区、本行业信用体系建设情况进行总结和考核，及时发现问题并提出改进措施。对农产品质量安全信用体系建设成效突出的地区、行业予以表扬，对推进不力、失信行为多发的地区、行业予以通报。

（三）加大支持力度

各级农业行政主管部门要在国家法律和政策允许的范围内，积极争取本级人民政府对农产品质量安全信用体系建设的资金支持，拓宽经费来源，形成稳定的财政投入渠道，确保农产品质量安全信用体系建设顺利进行。

（四）推动创新激励

各级农业行政主管部门要根据本地区、本行业农业生产和发展实际，结合农产品质量安全县、"三品一标""三园两场"等项目，把农产品质量安全信用体系建设作为重要内容纳入考核指标和评价体系，积极探索有效的推进模式，充分发挥示范带动作用，整体提升农产品质量安全信用水平。

附录5 农业部办公厅关于建立农资和农产品生产经营主体信用档案的通知

各省、自治区、直辖市及计划单列市农业(农牧、农村经济)、农机、畜牧、兽医、农垦、渔业(水利)厅(局、委、办),新疆生产建设兵团农业局:

为贯彻落实《国务院关于印发社会信用体系建设规划纲要(2014—2020年)的通知》(国发〔2014〕21号)、《国务院关于建立完善守信联合激励和失信联合惩戒制度加快推进社会诚信建设的指导意见》(国发〔2016〕33号)和《农业部关于加快推进农产品质量安全信用体系建设的指导意见》(农质发〔2014〕16号)要求,建立健全农产品质量安全信用管理制度,全面提升农资和农产品生产经营主体诚信意识和信用水平,保障广大人民群众的身体健康和消费安全,我部决定加快推进农资和农产品生产经营主体信用档案建设工作。现就有关事项通知如下。

一、充分认识建立信用档案的重要意义

近年来,在党中央、国务院的坚强领导下,各级农业行政主管部门与有关单位密切配合,不断推动我国农产品质量安全事业取得新进展,农产品质量安全水平大幅提高。但与此同时,部分生产经营主体诚信意识仍然淡薄,制售假劣农资、违规使用农兽药、非法添加有毒有害物质等问题仍时有发生,损害了农民的合法利益和人民群众的身体健康,影

响了消费信心,不利于我国农业产业的健康发展。这迫切需要加快推进我国农产品质量安全信用体系建设,构建以信用为核心,事前信用承诺、事中信用监管、事后信用评价的新型监管机制。

建立健全农资和农产品生产经营主体信用档案,是农产品质量安全信用体系建设的首要基础,目的是要求生产经营主体公布其基本信息和质量安全相关信息,健全内部管控制度,公开质量安全承诺,全面落实主体责任,有效规避农产品质量安全信息不对称,促进农产品质量安全信息的公开化、透明化。通过建立主体信用档案和评价机制,实施分级分类管理,进而提高农产品质量安全监管效能。各级农业行政主管部门要充分认识建立农资和农产品生产经营主体信用档案的重要性,增强使命感和责任感,将其作为推动农产品质量安全信用体系建设的一项重要措施,全面落实,扎实推进。

二、工作目标和主要任务

争取用 3 年左右时间,基本建立农资和农产品生产经营主体信用档案,使信用档案成为政府监管、市场评价、消费选择的重要依据。到 2017 年年底,国家级、省级农产品质量安全县率先建立本行政区域内农资和农产品生产经营主体信用档案。到 2018 年年底,全国粮食大县、"菜篮子"产品主产县、国家现代农业示范区等基本建立本行政区域内农资和农产品生产经营主体信用档案。到 2019 年年底,基本实现农资和农产品生产经营主体信用档案全覆盖。

(一) 规范信用档案内容

需建立信用档案的对象为农资和农产品领域规模以上生产经营主体,

主要包括农资生产经营企业、农资社会化服务组织、农产品生产经营企业、农民专业合作社、家庭农场、种植养殖大户等。鼓励有条件的地方逐步将散户纳入信用档案建设范围。

信用档案信息主要包括农资和农产品生产经营主体名称和社会信用代码等基础信息，行政许可与行政处罚信息，认证或登记信息，监督检查信息和奖励信息（详见附件）。各地可结合实际，增加其他信用信息，充实主体信用档案。

（二）采集信用档案信息

各级农业行政主管部门要制定并细化工作方案，组织开展宣贯培训，指导信息填报、归集、核实、整理等工作，建立完整的主体信用档案，及时更新相关信息，实现信用档案的动态管理。农资和农产品生产经营主体应如实详细填写各项信用信息，对所填报信息的真实性和合法性负责。

（三）加强信用档案应用

各级农业行政主管部门要依法加强信用信息的归集、公示和共享。强化信用档案应用，将查阅信用档案作为审查主体资格、审批行政许可事项、下达财政支持项目、制定分类监管措施等的必要条件。认真落实守信联合激励和失信联合惩戒机制，从行政许可、从业资格、重点监管、财政支持等多个方面对农资和农产品生产经营主体采取联合奖惩措施。鼓励行业协会、社会团体和第三方机构运用公开的信用信息开展信用评价，为社会提供多样化的信用产品和服务，引导生产经营主体树立诚信意识，守法诚信经营。

三、工作要求

（一）强化组织领导

各级农业行政主管部门要建立或明确农产品质量安全信用体系工作机构，安排专人负责信用档案信息归集、录入和整理等管理工作，充分发挥乡镇农产品质量安全监管站在信用信息采集、核实、跟踪等方面的作用。把建立农资和农产品生产经营主体信用档案作为农产品质量安全信用体系建设的基础性工作，制定具体实施方案，明确进度安排，稳步推进工作落实。

（二）加强工作保障

各级农业行政主管部门要加强对农资和农产品生产经营主体信用档案建设的经费保障和技术支持。鼓励有条件的省份建立信用信息管理系统，或依托农资监管、农产品质量安全追溯管理等信息系统，建立电子化的信用档案。我部将适时升级改造农安信用频道，形成全国统一、互联互通的农安信用平台。

（三）加强工作考核与调度

各级农业行政主管部门要将信用档案建设工作纳入农产品质量安全绩效考核范畴，调动有关人员工作积极性。我部将组织督导组，对各地信用体系建设工作开展督导检查，定期调度信用档案建设工作进展，并将其纳入国家农产品质量安全县和农产品质量安全延伸绩效考核指标。

附录6 中共中央办公厅 国务院办公厅关于健全社会信用体系的意见

(2025年3月21日)

社会信用制度是市场经济基础制度。为健全社会信用体系,经党中央、国务院同意,现提出如下意见。

一、总体要求

坚持以习近平新时代中国特色社会主义思想为指导,深入贯彻党的二十大和二十届二中、三中全会精神,坚持和加强党的全面领导,坚持稳中求进工作总基调,完整准确全面贯彻新发展理念,坚持政府引导、市场驱动、社会共建,坚持弘扬诚信文化,坚持公共信用信息和市场信用信息相互融合,坚持信用奖惩合理合法,构建覆盖各类主体、制度规则统一、共建共享共用的社会信用体系,推动社会信用体系与经济社会发展各方面各环节深度融合,为加快建设全国统一大市场、维护公平有序竞争市场秩序、推动高质量发展提供有力支撑。

二、构建覆盖各类主体的社会信用体系

(一)深化政务信用建设

健全政府诚信履约机制,开展政务诚信评价,完善改府失信行为认

定标准和失信惩戒措施，政府及其部门（含下属单位）在公共资源交易、招商引资、人才引进、政府与社会资本合作、产业扶持、投资融资、涉企收费等领域出现失信行为的，按规定将其纳入信用记录，限制其申请各类财政性资金和项目、试点示范、评先评优。有效发挥事业单位异常名录作用，提升事业单位诚信自律水平。加强公职人员诚信管理和教育。

（二）加强经营主体信用建设

强化经营主体信用管理，支持经营主体完善合规经营制度、管控信用风险，引导经营主体诚信经营、守信践诺。以公共信用综合评价为基础，建立企业信用状况综合评价体系。在确保保密和敏感信息安全前提下，加强国有企业信用状况披露。鼓励经营主体主动向信用服务机构提供信用信息，不断健全信用记录。

（三）加快社会组织信用建设

加强社会组织信用信息管理、共享、公开，强化社会组织信用监管，引导社会组织诚信自律，提升内部治理水平。行业主管部门和业务主管单位要推动行业协会商会加强诚信建设，指导行业协会商会依法依规开展信用评价等活动，发挥其对成员的行为导引、规则约束、权益维护等作用。

（四）有序推进自然人信用建设

依法依规建立健全自然人信用记录。加快推进法律、金融、会计、审计、医疗、教育、家政、工程建设、生态环境、平台经济等领域从业人员和取得国家职业资格人员等重点职业人群的信用管理制度建设。有条件的地方和部门可以开展自然人信用评价,用作为守信主体提供激励政策的参考,严禁将非信用信息和个人私密信息纳入信用评价。

(五) 全面强化司法执法体系信用建设

加强法院、检察院司法公信建设,提高司法公信力。依法加大司法公开力度,保障人民群众知情权。加强司法执法人员信用建设,建立执法人员信用记录和信用承诺制度。提高虚假诉讼违法失信成本。严格失信被执行人认定程序,优化相关失信惩戒措施。

三、夯实社会信用体系数据基础

(六) 建立全面完整准确的信用记录

严格界定公共信用信息范围,行业主管部门要根据法律、行政法规、地方性法规或党中央、国务院政策性文件确定本领域公共信用信息并形成行业信用记录,其中属于失信信息的,要分类明确其失信严重程度。对公共信用信息统一实行目录管理,国家发展改革委汇总建立相关主体的完整信用记录。

(七) 强化信用信息归集共享

强化全国信用信息共享平台信用信息归集共享"总枢纽"功能,坚持以共享为原则、不共享为例外,统一归集各领域信用信息,根据需求按规定向有关部门提供信用信息服务,定期开展归集共享质效评估。推动全国信用信息共享平台与行业信用信息系统深度联通、数据共享。研究加强区块链等技术在信用信息管理等方面的应用,在保障信用主体合法权益和信息安全的前提下，提升商业合同信息、产业链信息、交易信息等共享水平。

（八）建立公共信用信息统一公示制度

建立统一的公共信用信息公示标准规则。"信用中国"网站集中公示各类公共信用信息，行业主管部门原则上不再公示本部门业务领域之外的公共信用信息。"信用中国"网站按照公益性原则向社会公众提供公共信用信息查询服务。对已在"信用中国"网站公示的公共信用信息，信用服务机构应当确保使用的信用信息与公示内容相同、期限一致。

（九）有序推动公共信用信息开放流通

制定公共信用信息授权运营管理办法，支持符合条件的运营机构依授权开展公共信用信息资源开发、产品经营和技术服务，严禁未经授权、超范围使用公共信用信息。建立公共信用信息流通准入标准规则。鼓励经营主体依法依规依托公共信用信息提供公益服务。探索建立公共信用信息价值收益合理分享机制，依法依规维护公共信用信息资产权益。鼓励区域间公共信用信息共享、信用评价互认、信用奖惩协同。

（十）加强信用信息安全保护

建立信用信息安全管理追溯和侵权责任追究机制，明确信息传输链条各环节安全责任。严格落实安全保护责任，规范信用信息处理程序。提高信用信息基础设施安全管理水平。建立健全信用信息安全应急处理机制。

四、健全守信激励和失信惩戒机制

（十一）强化对守信行为的激励

构建全方位的信用激励政策环境，为守信主体在公共服务中提供便利或优惠。鼓励平台企业用好大数据资源，为守信主体精准提供市场化、社会化激励。支持金融机构深入挖掘信用信息价值，持续提升守信主体融资便利化水平。

（十二）依法依规开展失信惩戒

规范设定失信惩戒措施，依法依规合理确定惩戒范围和力度。设定失信惩戒措施、确定严重失信主体名单的设列领域必须以法律、行政法规、地方性法规或党中央、国务院政策性文件为依据，其中涉及设定对信用主体减损权利或增加义务的措施，必须以法律、行政法规、地方性法规为依据。行业主管部门应当以部门规章形式明确严重失信主体名单列入和退出的条件、程序。对被列入严重失信主体名单的，在申请政府资金、享受税收优惠、参与公共资源交易活动、股票债券发行、评先评优、公务员录用遴选调任聘任、事业单位公开招聘等方面，依法依规予以限制或禁止。在房地产市场、互联网、人力资源市场、能源中长期合同领域增设严重失信主体名单。对失信惩戒措施和严重失信主体名单实行清单化统一管理。

（十三）完善统一的信用修复制度

建立健全统一规范、协同共享、科学高效的信用修复制度，鼓励失信主体主动纠正失信行为。国家发展改革委牵头统一信用信息公示和修复的渠道,优化信用修复规则,加强司法机关、行业主管部门、信用服务机构等修复协同。对完成修复的信用主体,应当及时停止公示其失信信息、将其移出相关失信名单,并依法依规解除相关失信惩戒措施。

五、健全以信用为基础的监管和治理机制

（十四）以信用评价为基础实施分级分类监管

国家发展改革委牵头完善信用评价体系,各地区各行业主管部门以公共信用综合评价为基础健全本地区本行业信用评价机制,根据评价结果优化监管方式,对不同类型信用主体实施差异化监管。

（十五）建立健全信用承诺制

在行政审批、证明事项、信用修复等领域推行信用承诺制。办理适用信用承诺制的事项时,申请人部分申报材料不齐备但信用状况较好且书面承诺在规定期限内提供材料的,应先行受理。建立信用承诺践诺跟踪机制。引导信用主体主动向社会作出信用承诺。

（十六）推进信用报告深度应用

推动在市场准入、行政审批、政府采购、招商引资、资质审核等公共管理领域充分使用信用报告。大力推行以专项信用报告替代有无违法违规记录的证明。鼓励在招标投标、融资授信、商业往来等市场交易活动中使用信用报告。

（十七）加强对政府签订、指导签订合同等履约信用监管

强化合同履约跟踪核实，及时将政府签订的合同、政府指导签订的合同等履约情况归集至全国信用信息共享平台，国家发展改革委将经核实的合同履约情况纳入相关主体信用记录，切实提高合同履约水平。

（十八）推动信用赋能基层治理

加强农村信用体系建设，加强涉农信用信息归集共享，明确采集责任，优化精简采集指标和评价规则，提升对农户和新型农业经营主体的信用评价水平。推动信用赋能社区治理，支持信用园区、街区建设。

（十九）完善社会信用体系法律法规制度

完善统一社会信用代码制度，进一步明确各类主体的赋码部门，健全赋码数据共享与校核机制。制定全国统一的信用信息管理标准。推动出台社会信用建设法，推动将信用规则纳入相关专项法律法规。加强信用政策出台前的综合评估，防止信用管理措施泛化滥用。

六、提高社会信用体系市场化、社会化水平

（二十）大力培育信用服务市场

创新信用评价、信用评级、信用评分、信用报告、信用核查、信用管理、信用咨询以及环境、社会和治理评价等业务模式，有效支撑信用经济发展。规范信用服务机构参与社会信用体系建设行为。支持金融信

用信息基础数据库依法采集金融领域信用信息,提供更加便捷优质的基础征信服务。优化个人征信市场布局,增加个人征信产品和服务供给。做优做精企业征信市场,探索发展聚焦细分领域的企业征信机构。全面加强征信监管,促进征信行业规范健康发展。

(二十一)深入推进信用融资和信用交易

依托全国一体化融资信用服务平台网络,按照实际应用需求扩大信用信息归集共享范围,完善以信用信息为基础的企业融资增信制度,有效提升中小微企业信用贷款比重,支持符合条件的征信机构参与融资信用服务平台运营。鼓励信用服务机构依法依规采集商业合同履约信息,支持有序推广赊销、分期付款、融资租赁等信用销售模式。强化商业汇票信息披露,完善票据市场信用约束机制。将恶意逃废债经营主体依法依规纳入相关严重失信主体名单。

(二十二)加强平台经济领域信用建设

加强公共信用信息和平台企业经营信息的共享,引导平台企业建立平台内信用管理制度和平台间失信联合约束制度,根据平台内商户信用状况实施差别化的管理和服务,为守法诚信经营主体提供更多优惠便利,对违法失信经营主体在平台规则内予以限制。加强对网络主播、自媒体、网络信息内容多渠道分发服务机构(MCN机构)等信用监管。

(二十三)服务高水平对外开放

在确保安全的前提下,依法依规推进信用信息数据跨境流通,有序开展跨境信用合作,推动信用评价、信用报告等信用产品跨境互认。支持国内信用服务机构与共建"一带一路"国家、金砖国家开展独立、公正的第三方信用服务合作。加强国际征信交流，积极培育具有国际竞争力和影响力的征信机构。推动国内信用评级机构国际化发展。

七、加强组织实施

各地区各有关部门要在党中央集中统一领导下，结合实际抓好本意见贯彻落实，形成上下联动、各司其职、齐抓共管的工作格局。国家发展改革委、中国人民银行要加强统筹协调，各有关部门要切实履行本领域信用建设责任，形成工作合力。统筹做好全国社会信用体系建设示范区创建工作，建立健全示范区后评价机制。持续开展城市信用监测。弘扬诚信文化，普及诚信教育，依法依规加大对严重失信行为的曝光力度，支持新闻媒体开展诚信宣传和舆论监督。充分发挥诚信典型的引领作用，持续开展"诚信之星"宣传和"诚信兴商宣传月"活动，推动形成守信践诺的良好社会风尚。及时总结推广典型经验做法。重大事项及时按程序向党中央、国务院请示报告。